だいわ文庫

JN307320

「1日30分」を続けなさい!

人生勝利の勉強法55

古市幸雄

大和書房

プロローグ

お客さんに謝らなければ……。

これが、この本の出版オファーをいただいたときに感じた正直な気持ちでした。なぜなら、この本の原典は、2003年11月から私のホームページで『負け犬にならないための勉強法』というタイトルで、1万円の値段をつけて提供していたものなのです。なんと、この高額の価格にもかかわらず、ネット上だけで500部以上も売れた隠れたベストセラーになってしまったのです。

実は、この勉強法には1年間の完全返金保証をつけていました。「この勉強法を実践してみて、1年以内に成果が出なければ喜んで返金します」と。ところが、過去3年半の間に、返金を求めた人はたった1人。

私に届いたのはクレームではなく、感謝のフィードバックだったのです。

「いままでの勉強法を説いた本は、勉強ができる人を前提に書かれていた。しかし、**この勉強法は勉強の習慣がない人を前提**として書いている。具体的で他に類のない勉強法」

といった内容の感想をたくさんいただきました。

この勉強法を実践することで転職に成功した人、学習の効率が格段に向上している留学予定者など、実践者の成功例が多数寄せられています。


これから私が公開する勉強のノウハウは、机上の空論ではありません。精神論でもありません。なぜなら、精神論では勉強は長く続かないからです。この勉強法は、私が四苦八苦しながら見い出した、現時点でのベストの勉強法です。


かつて私は、報道カメラマンとして新聞社で働きながら留学の準備をしました。仕事が忙しいために、勉強の時間がなかなか取れず、どうやったら時間を捻出することができるのかを考え続けました。

勉強がうまくはかどらず、自分自身に憤りを感じたことは数知れず。集中力が続かずに自己嫌悪に陥ったこともあります。生まれつき鼻の通りが悪いために鼻だけでの呼吸が難しく、これが原因で集中力が長く続かないと気がついたときには、すぐに鼻の手術をしたくらいです。勉強自体がイヤになって、留学のための勉強を一時期放り投げようと思ったこともあります。いつのまにか机の上で寝ていたこともありました。

でも、このような試行錯誤を繰り返して、なんとかアメリカに留学することができました。

そして、アメリカに渡ってわかったのは、勉強量を従来の1・5倍にする必要があるという厳しい現実でした。なぜなら、自分の英語がほとんど通用しなかったからです。

そこで、英語のスキル向上のために、毎日40分間英字新聞を読むことを自分に課しました。読むのをサボった次の日には、前日の新聞と合わせて2日分読みました。毎日12時間以上勉強することは当たり前。ここでも、成功と失敗を繰り返しながら、一番効率よく知識を吸収できる方法を模索しました。

これらの長い勉強経験を集大成して、先の『負け犬にならないための勉強法』に加筆・修正したのが、この本です。私はここに書いてある勉強法の多くを使って、30歳から英語力を身につけました。経営学修士（ＭＢＡ）も取得しました。いまでは英語を指導する立場にあります。おそらく英語の発音を教えられる数少ない日本人の１人です。

そして、私のみならず５００名以上の方々がすでにこの勉強法を実践し、成果を出しています。ですから、この勉強法は、現場で**効果がすでに実証されている勉強法**なのです。

ちなみに、私がホームページでも公開している原典のプロローグを以下に引用します。かなり挑発的な文章となっていますが、最初にまとめたときの勢いを知っていただきたく、ぜひお読みください。

あなたの会社内で、使えない上司っていませんか。

朝、定時に出社して、ほとんど何も生産的なことをせず、会社に１円の利益をもたらすどころか、逆にマイナス４万円くらいの損失を出している。会社のお荷物になっているおじさん連中のことです。失礼な言い方かもしれませんが、彼らには使えないという言葉がピッタリです。
あなたも彼らのようになりたいですか？

彼らがそのようにビジネスで使えない人間になった理由は明らかです。退社後は同僚と居酒屋、電車ではスポーツ新聞、帰宅すると缶ビールとプロ野球……。ビジネス書を読むこともなく、セミナーに通うこともなく、向上心はほぼゼロ。会社に入ってから20年、30年が経ち、時代が変わり、ビジネスパーソンに求められるスキルが大きく変わっているのに、ほとんど何も新しいスキルを取得してこなかったからです。
つまり、いままで自分自身にほとんど何の投資もしてこなかったのです。

「投資」と聞くと、金融の投資を思い浮かべるかもしれません。しかし、自分の勉強のためにお金と時間を使い、その結果、昇進や給料アップにつながったり、リストラを回避できれば、これは立派な投資なのです。こんな控えめな言い方ではなく、金利の高い金融商品が見つからない超低金利の現代では、自分自身への投資が**一番リターンの高い投資**なのです。

いま50代のビジネスパーソンの全盛期には、終身雇用神話がいまよりも普及しており、会社におんぶに抱っこでよかったのでしょう。しかし、皆さんもご存じのとおり、そんな時代は終わりました。

もう一度繰り返しますね。

会社におんぶに抱っこの時代は終わりました！

まず、これをしっかりと認識してください。これから少なくとも20年は、明日もし会社をクビになっても、次の勤め先をすぐに見つけられる、または独立できる有能なビジネスパーソンになっていなければなりません。

あなたの人生の浮き沈み、ひいてはあなたの大切なご家族の人生の浮き沈みは、稼ぎ頭のあなた次第ということになります。

さらに、痛いところを突きますね。

あなたに、ある程度稼げる定職がなければ、いまは小さなお子さんを将来、大学に進学させることはできません。あなたと伴侶の収入の合計がある程度の額でなければ、いまのお子さんや未来のお子さんに対して十分な教育を受けさせることはできないのです。これは現実問題なのです。

ここまで読んで、それでも、

「あなたはまだ電車でスポーツ新聞を読み続けますか?」

「あなたはまだテレビのバラエティー番組を見続けますか?」

しかし、これを購入されたほとんどの方は違いますよね。向上心があるから、わざわざお金を払って、この情報を手に入れたわけです。これから、私が伝授することは、私が大学卒業後もコツコツ勉強を続けながら、自分なりに編み出した勉強法です。

当然、いろいろな方の勉強法を参考にさせていただきました。

書店には勉強法に関する本がたくさんあります。しかし、私がいつも不満に思うのは、具体的な勉強法が書かれていないことです。

例えば、「朝1時間早く起きて勉強しよう」と書いてあります。しかし、タダでさえ毎日睡眠不足なのに、どうやって1時間を捻出するのか？　どんな筆記具を使えばいいのか？　まったく書かれていません。

私は、自分がどんな道具を使い、どのような環境で勉強しているのか、どのように時間を捻出しているのかをできるだけ具体的に伝授しようと思います。

「この勉強法があなたにとってベストだ」とは主張していません。あくまで私の経験から、「現在ではこれがベスト」という勉強法を伝授します。

あなたはこれを基に自分の勉強スタイルに合いそうなものは取り入れ、合いそうにないものは取り入れなくてもいいのです。

私が伝授する勉強法のなかには「そんな簡単なことか！」と呆気《あっけ》に取られるようなこともあります。しかし、知っていることと、実践することとは大違いです。

ちなみに、私の持っている主なスキルや資格は、次のようなものです。

●ＭＢＡ（経営学修士）

●ＴＯＥＩＣ（国際コミュニケーション英語能力テスト）９８０点

●英会話はビジネス英語レベル
●中学、高校の英語の教員免許
●MCSE（マイクロソフト認定　システム　エンジニア）
●MCDBA（マイクロソフト認定　データベース　アドミニストレータ）
●MCSD for Microsoft. NET（マイクロソフト認定　ソリューションデベロッパー）
●サン・マイクロシステムズ認定Java プログラマ

これらのなかには、あなたが「いいな～」と羨《うらや》むスキルや資格があるかもしれません。しかし、私は特別なことをしたわけではありません。

一般のビジネスパーソンが居酒屋で酔っぱらっているときに、スキルを習得するための勉強をしていただけです。通勤中のビジネスパーソンが漫画を読んでいるときに、ビジネス書を読んでいただけです。時間の使い方と勉強法が違っただけなのです。

私が日本の大学を卒業してから約20年が経ちます（その後、アメリカで修士を取得しました）。通常は、大学（または高校）に入学するまで、あるいは在学中にある程度の勉強をします。しかし、他の人と差がつくのは、**卒業後にどれだけ勉強を続けたか**です。

これを読んでいる方のなかに、「私は三流大学しか出てないからな」、または、「大学に進学しなかったからな」と、おっしゃる方もいるかもしれません。

しかし、たとえ一流大学での4年間と三流大学での4年間に差があったとしても、または、大学に進学されなかった方はその4年間の差があったとしても、大学（または高校）卒業後に勉強をコツコツ続けていれば、そんな差は簡単に埋まります。さらに、勉強を続けていけば立場は逆転、そして、**逆にぶっちぎりで差をつけることができるのです！**

単純な比較をしましょう。

Aさんは一流大学を卒業後、ほとんど自己投資のための勉強をしてこなかった。

Bさんは三流大学を卒業後、ほぼ毎日30分、必要と思われるスキルの勉強をコツコツと続けてきた。

大学卒業から10年後、AさんとBさんでは、どちらが時代に合ったスキルを習得できるでしょうか？　解説は不要でしょう。

あなたは大学や高校を卒業後、毎日どのくらい勉強してきましたか？ 勉強という言葉に抵抗があれば、毎日どのくらいご自身に磨きをかけるために時間・お金・労力を費やしてきましたか？

まさか、「進学しなかったから勉強しなかった」なんておっしゃっていませんよね？

「仕事で忙しすぎたから勉強が**できなかった**」なんて思っていませんよね？

私は使えないビジネスパーソンを見るたびに、彼らのことを非常に哀れに思います。どうしてかわかりますか？ 理由は、彼ら自身が自分の能力の無さを認識しており、自分自身にプライドを持てないからです。私にはそれがわかります。上司からは怒鳴られ、部下からはバカにされ、当然、自分の家族からも尊敬されません。

なかには「会社では有能ではないが、家庭ではよい親だ！」とおっしゃりたい方もいらっしゃるでしょう。しかし、いまや一般企業では、能力の低い社員は左遷やリストラの対象になります。

もし、リストラされた後にある程度の収入を確保できなければ、親としての大きな役割の1つを果たしていないことになりませんか?

「リストラした会社が悪い!」とおっしゃる方もいるでしょう。しかし、逆の立場になって、あなたが社長なら、能力の低い社員に喜んで給料を払い続けますか?

ちなみに、あなたを1時間雇うための会社の経費ってご存じですか?

通常の労働時間は1年間で1850時間です。多めに見積もって2000時間で計算しましょう。その際に、あなたの年収を労働時間数で割るのではありません。最低でも年収を1・5倍した数字を労働時間数で割ってください。

あなたの会社はあなたを雇用するために、給与やボーナスの他にも交通費、コンピュータ代、その他多額の経費をかけています。よって、あなたの年収に対して最低でも5割増しの費用は、直接目に見えない雇用費として払っているのです。ですから、年収500万円の方は、750万円を労働時間数で割ってみると、あなたを雇うための1時間あたりの経費が算出できます。

例えば、750万円を2000時間で割ると、1時間3750円になります。この数字が何を意味するかというと……? あなたが1時間働いて、この金額よりも多くの利益を会社にもたらさなかったら、リストラされても文句は言えないという数字です。8時間労働で計算して、1日平均3万円です。

ビジネスの世界で役に立たなくなってしまった責任は、すべてあなた自身にあります。どうして奮起して勉強してこなかったのか？　どうして自己投資をし、新しいスキルを身につけようとしなかったのか？

私がどうして「使えないビジネスパーソンはプライドが持てない」とわかると思いますか？

理由は、私が子どもの頃、周囲にこのようなタイプの大人が多かったからです。いつも会社や社会に対して文句を言い続けているこのような大人たちを見て、私は子ども心に思いました。「だったら、**どうして勉強しないんだ！**」と。

これらの大人の共通点は、自分の望む人生を生きるために何ら努力をせず、自分の置かれている現状を、親や生い立ちなど自分以外の外部要因に責任転嫁していることです。

私は、「**このような大人になりたくない**」と心に誓って勉強を続けてきました。私が、勉強を続けている原点はここにあります。

私が試行錯誤を通じて身につけた勉強法をこれからあなたに伝授します。つまり、人生で勝利するための勉強の方法や考え方、習慣の秘訣です。

実は、勉強の習慣を身につけるのは、さほど難しくありません。勉強のコツさえつかめば、その後は習慣化するだけなのです。ところが勉強の習慣がまだ身についていない人にとっては、勉強のコツを見つけ出したり、自分の勉強のペースを見い出すのも大変な作業になります。勉強を始めた頃は、勉強がうまくはかどらなかったり、集中力が続かないために、自己嫌悪に陥ってしまいがちです。最悪の場合は、勉強そのものが嫌になってしまいます。

この本のなかでは、具体的な勉強法以外にも、勉強に対する考え方や心構えもたくさん伝授しています。なぜなら、小手先の勉強法よりも、あなたの心構えのほうが100倍大切だからです。心構えが変われば行動が変わります。しかし、心構えの変化が伴わない小手先の行動の変化は、すぐに続かなくなります。

1つ約束してください。公開する勉強法はいっぺんに全部取り入れるのではなく、1つか2つずつ順番に取り入れてください。1つ（または2つ）に集中して習慣化できたら、次の勉強法に移ります。順番はどれでも構いません。あなたが「これならできそうだな」と感じるやさしいことから始めてください。

さらに、直接勉強に関することではなく、間接的なことで勉強の効率に大きく影響を及ぼすことについてもアドバイスしています。つまり、トータルで勉強の効率を上げるのです。

そして、何よりも大切なのは、毎日少しずつでいいから、勉強を続けていくことです。**中卒、高卒、二流・三流大学卒のハンディは、継続的に勉強をすれば簡単に克服できます。**

「1日30分」を続けて半年〜1年もすると、知識が増えたことを実感でき、自分に相当自信が持てるようになるでしょう。そうなれば、夢の実現や目標の達成はもう目前です。

「1日30分」の勉強を続けるだけで、あなたの夢が現実のものとなるのです！

さあ、できることから毎日少しずつコツコツとやっていきましょう！

「1日30分」を続けなさい!　目次

第1章 人生は勉強した者が勝つ！

第2章 勉強時間を捻出する方法

第3章 勉強に集中する方法

第4章 短期集中型・長期計画型の勉強法

第5章 本気の人のための英語勉強法

第6章 勉強を成功させるための目標設定方法

第7章 勉強効率アップのための食事・睡眠

第8章 勉強効率アップのためのツール

「1日30分」を続けなさい!

第1章

人生は勉強した者が勝つ！

勉強法 1

動機づけの方法とは？

どうしたら勉強するように自分にモチベーションを与えられるのか？

つまり、どのように勉強の動機づけを見つけたらいいかわからない人もいるでしょう。はっきり申し上げて、なかなか動機づけができない人は、あまり勉強をしたくないのですよ！　ですから、**勉強しなくていいです！**

書き間違いではありません。勉強する気がない人、または、する覚悟がない人は、しなくていいです。もう義務教育は終わったでしょうし。

「本当に勉強したい」っていう欲求は、どういうことか知っていますか？　フランスのパリに行くと、将来プロの芸術家を目指す若者がたくさんいます。その多くが貧乏学生です。彼らのなかには、自分の食費を削って、本や画材を買う学生がいます。まじめに日本で勉強している海外からの留学生も同じです。

あなたにそこまでする情熱がありますか？

別に「食費を削って勉強をしてください」とは言っていません。しかし、「勉強をしたい」という欲求とはそういうことなのです。1日に30分も勉強に時間を使えない人は、基本的に勉強をしたくない人なのです。

現在70歳以上の年配の方で、子どもの頃に家庭が貧しかったとか、戦争などの理由で、思うように学校に行けずに、「本当は勉強したかったけれど……」と言っている方々がいるでしょう。

でも、毎晩その人たちが何をしているかというと……？　テレビを見ているのですよ。こういう人たちは、基本的に勉強したくない人なのです。勉強したければ、書店で何か興味のある本を買って読めばいいでしょう。それさえもしないで、「本当は勉強したかったけれど……」と言い訳をしているだけなのです。

でも、こういう境遇の人たちを「勉強したくないのだ」という言葉で片づけるのはかわいそうな気がします。なぜなら、**勉強にはタイミングが非常に大切**だからです。

つまり、「勉強したい」と思ったときが、その人の勉強意欲が一番高いときなのです。ところが、この絶好のタイミングを逃すと、勉強する意欲も徐々になくなってしまいます。

ですから、あなたが「何かを勉強したい」「スキルを習得したい」と思ったら、この機会を絶対逃してはいけません。この時期にあなたが集中的に勉強すれば、通常の何倍も効率よく知識を吸収できます。勉強したいと思っているうちに、その分野の勉強を始めるのがコツです。

私の場合、23歳のときにアメリカに留学している友達を訪ねて、「自分もアメリカで勉強してみたい」という思いがどうしても捨てきれず、30歳になってからアメリカの大学院に進みました。

あえて動機づけのアドバイスをするならば、この質問をご自身にしてみてください。

「**私はこのままで、自分に対してプライドが持てるのか？**」と。

もしくは、自分を向上させる努力をせずに、このまま10年が過ぎたときの将来の姿を想像してみてください。

●現在の職や地位は保持できているでしょうか？
●いまの収入は維持できているでしょうか？
●現在勤めている会社は存続しているでしょうか？

自分に動機づけをするコツは、まず、将来なりたい自分をイメージすることです。そして、そのイメージに近づくためには、いま、何をしなければならないかを考えてみてください。そうすると、強烈な動機づけの理由が見つかりやすくなるはずです。

勉強法 2
どうしたら勉強の習慣が身につくのか？

三日坊主にならず勉強を何年も続けていくコツは、毎日たくさんの勉強をせずに、30分や1時間程度でいいので習慣化し、何年も続けていくことです。この場合、勉強とは読書を含め、あなたを一段高いレベルに向上させるあらゆる活動を含みます。

1日5時間1週間だけ勉強するよりも、毎日30分の勉強を5年間続ける方が何十倍も効果的です。習慣化すれば何の苦にもなりません。5時間イヤイヤ勉強すれば、勉強が嫌いになるのは当たり前です。次ページの図を見てください。

横長のグラフは1日5時間の勉強を年間10日間した場合、タテ長のグラフは1日30分の勉強を年間300日した場合です。勉強の総量はこの棒グラフの面積で決まります。横長のグラフは5時間×10日ですから、50時間です。タテ長のグラフは30分×300日ですから、150時間です。少しずつでもいいから勉強を毎日続けるほうが、絶大な効果があることをおわかりいただけると思います。

これが2年、5年、10年と経てば、両者の差は歴然となります。あなたが勉強を続けていくことを選べば、他のビジネスパーソンをぶっちぎれる状態を作れることになります。一方、勉強しないほうを選べば、脱落していくことを意味します。

どちらを選ぶかはあなた次第です。

なかには、せっかく勉強を始めても三日坊主になり、自己嫌悪に陥る人もいるでしょう。しかし、三日坊主でもいいのです。**三日坊主を年間50回繰り返したら、1年間で150日も勉強していることになります。**これってすごいことだと思いませんか？

習慣づけるということは、無意識（潜在意識）に行動パターンを刷り込むということ

「太く短く」より「細く長く」のほうが簡単！

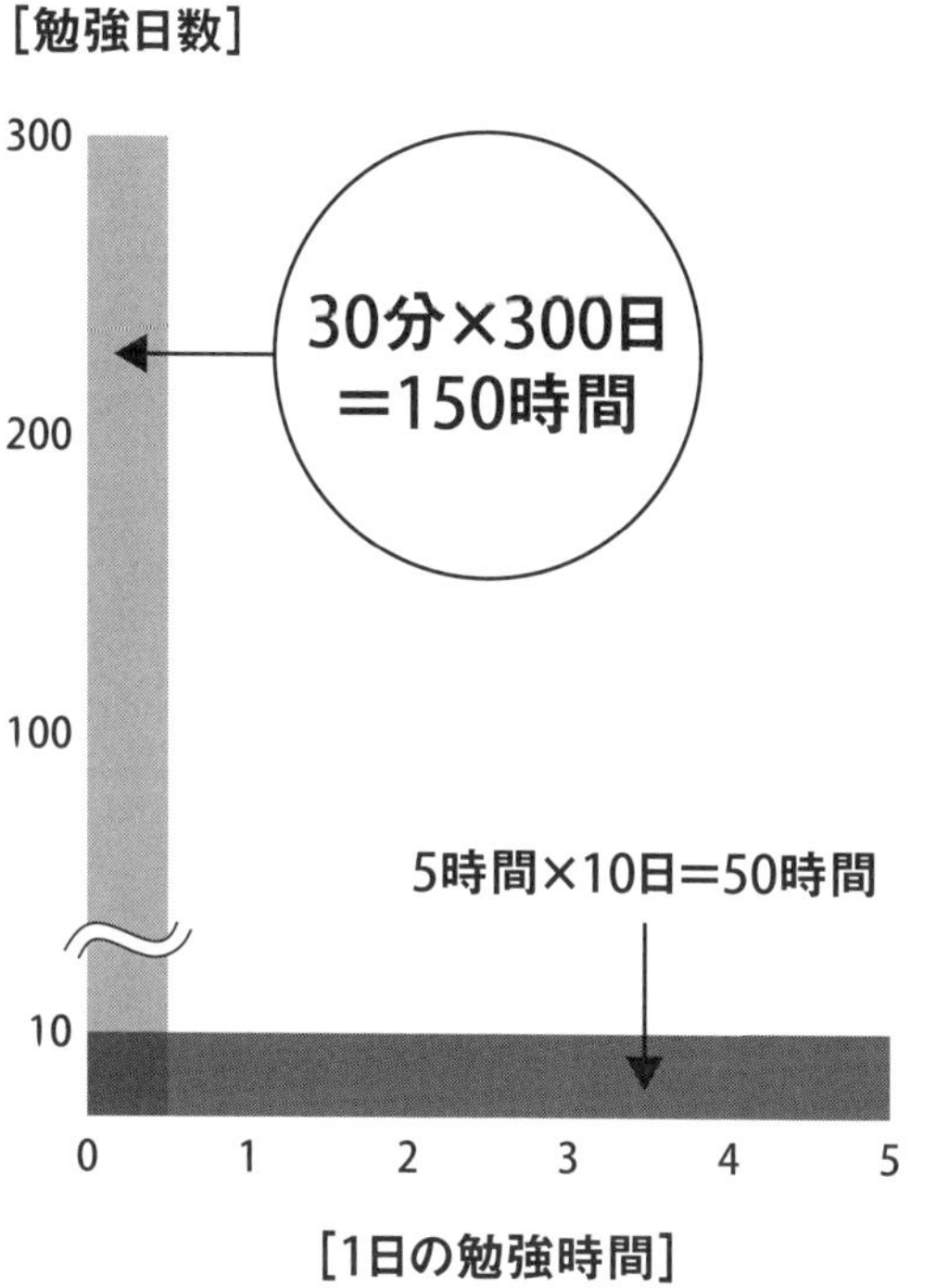

に他なりません。習慣を変えるのは、最初はしんどい作業です。しかし、これ以外に現状を変える方法はありません。

成功・不成功を繰り返し、少しずつ習慣を身につけていけばいいのです。不成功の場合は、「失敗した」と考えずに、「改善のための重要なヒントを得た」と考えるようにしましょう。私も決してスパッといまのような習慣に切り替わったわけではありませんから、ご安心ください。

余談ですが、マスコミは、その時代に目立った人しか取材しません。例えば、若くして成功している経営者などです。しかし、私たちのような凡人は、このように若くして成功する必要はありません。遅咲きでいいので、毎日コツコツ勉強を続けて、最終的に人生に勝利すればいいのです。

一流大学に行けなかったからといって、卑屈になる必要は全然ありません。大学に行った・行かなかったというのは、人生のプロセスの1つに過ぎません。子どもの頃にやった人生ゲームと同じで、最終的に笑ってあがることを目標にするのです。そのためには、毎日少しずつでいいので勉強を続けることが大切です。

あなたは人生をあきらめていませんか?

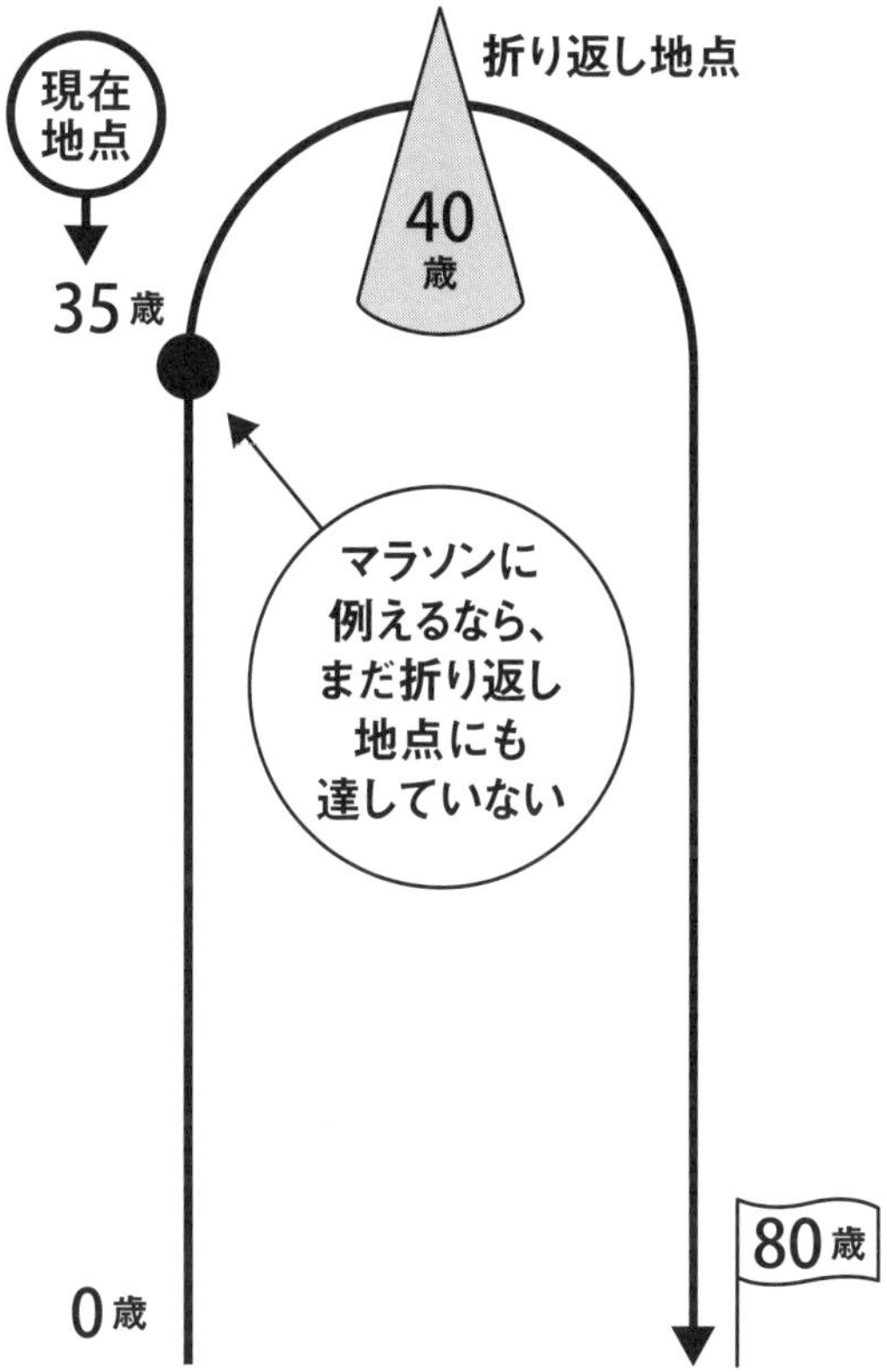

もし、あなたがいま35歳だとしたら、人生80年としても、人生のまだ半分にも到達していません。「大学に行けなかったから」「家庭が金銭的に恵まれなかったから」というような口実を見つけて、**人生をあきらめていませんか？**

小さなハンバーガー店に可能性を見い出し、マクドナルドを世界的な規模のフランチャイズ店に発展させたレイ・クロックが、同ビジネスを手がけたのは52歳のときでした。もし、30代や40代で人生をあきらめていたら、このような偉業を成し遂げることは絶対に不可能だったでしょう。

彼は、著書『成功はゴミ箱の中に』（プレジデント社）のなかで言っています。「信念と継続だけが全能である」と。自分を信じ、勉強を継続すれば、あなたにも想像がつかないほどの大きな成功を得ることができます。

人生で、誰でも多少のハンディはあるでしょう。そのハンディを克服して、最終的に笑ってあがるためには、逆転ホームランを狙うのではなく、シングルヒットを重ねて得点を上げていきます。つまり、毎日コツコツ勉強を続けて、最終的に人生のゲームに勝利すればいいのです。

勉強法
3

読書のコツとは？

「勉強」という言葉を使うと、義務教育の勉強を思い浮かべ、抵抗感がある人もいるでしょう。しかし、昨日よりも自分のレベルを少しでも上げる生産的活動は、一般的に「勉強」と表現して問題ないと思います。通常、もっとも身近な勉強は読書でしょう。

本を読む習慣がない人は、毎月1冊でもいいので少しずつ読む習慣を身につけてください。やはり、インプットの量が少ないと、自分のレベルがなかなか上がっていきません。別の言い方をすると、自分のアウトプットが少ないのは、インプットの量が少ないことが原因の1つです。

本を購入する際のコツは、一度に大量に購入せず、できるだけ1冊ずつ購入し、購

入した日に読み始めることです。

私の経験から、購入したにもかかわらず未読のままになっている本は、例外なく大量に買い込んで、買った当日に読み始めなかったものです。

先ほど「勉強にはタイミングが重要だ」と述べました。これは読書にも当てはまります。本を探しているときに、「読みたい」と思った本が見つかったら、お小遣いの許す限り、**迷わず即購入します**。そして、その本が手に入ったら、その日のうちに読み始めます。数ページでもいいので読み始めるのがコツです。

なぜなら、「読みたい」と思ったときに読むのが、一番効率よくその本の情報を吸収できるからです。大量に本を購入すると、この〝読みたいタイミング〟を外してしまう場合が多いのです。

そして、本を読み始めて「これは面白くない」、または「自分に必要な情報が載っていない」と判断したら、すぐに読むのは中断してください。そして、その本は古書店かアマゾンのマーケットプレイス（中古品売買サイト）にでも売ってしまいます。

「せっかく買ったのだから」と自分にとって有益でない本を読むのは時間の無駄にな

ります。

私の経験から「この本はまあまあだな」と思えるのは、5冊に1冊程度です。「この本は一生所蔵したい」と思える本は、20冊に1冊程度です。ですから、いい本に出会うには、ある程度、読書量を増やす必要があります。


さらに、せっかく本を読み終わっても、あまりためにならなかったと感じる場合があります。これは、私の経験では2つの理由があります。

1. 本自体に有益な情報がない
2. その本から有益な情報を抽出できるレベルに自分が達していない

2については、あまりお聞きになったことがないと思います。

例えば、私の場合、良書を何度も読みます。面白いことに、1度目よりも、2度目、3度目と回を重ねていくうちに、同じ本からより多くの有益な情報をキャッチできます。

他にも、ある本を読んで、そのときはあまり有益な情報がないと判断しても、数年後にもう一度同じ本を読んだら、著者の言っている意味が理解できたという場合もあります。

本に書いてあることは、何も変わっていないのです。ということは、自分が有益な情報をキャッチできるレベルに上がったのです。自分のレベルを知るためにも、読書はとても有効な手段です。

読書時間の捻出方法として、入浴中に本を読むことをおすすめします。忙しくて本を読む暇がないという人でも、これなら毎日10分から15分は本が読めます。

お風呂の湯気で本がシワシワになると思うかもしれませんが、構いません（本を浴室に放置しておくとシワシワになりますが）。「せっかく買った本なのに……」と躊躇《ちゅうちょ》されるかもしれませんが、本は消耗品と思ってください。

読まずに積み上げておくよりも、多少シワシワになっても読破して、知識を吸収したほうがより生産的です。

勉強法4

脳科学の実験結果に基づく正しい勉強法って?

ドイツの実験心理学者、エビングハウスの記憶に関する実験があります。それによると、人は情報を記憶しても20分後に約42%、1時間後で約56%、9時間後で約64%、6日後には約76%を忘れてしまうそうです。

彼の実験から、立て続けに物事を覚えようとするよりも、ある程度の間隔を空けて覚えるほうが、効率よく脳に記憶されることが証明されています。つまり、ある情報を脳に送り、脳がその情報を忘れかけた頃に再度同じ情報を脳に送ることで記憶の定着がよくなります。

逆に言うと短期間に集中的に勉強してもすぐに忘れて、習得できません。それよりも、定期的に繰り返し勉強を続けたほうが効率よく習得できるということです。記憶を司《つかさど》るのは脳ですから、脳科学の観点からもう少し詳しく解説します。

情報をすべて記憶するわけにはいかないので、脳は一時的に記憶した後に忘れてしまっていい情報と長期的に記憶すべき情報の切り分けをしています。脳は入ってきた情報を一時記憶にすべきか長期記憶にすべきか判断をする必要があります。この仕分け作業を担っているのが、海馬《かいば》と呼ばれる大脳辺縁系の一部です。

記憶のメカニズムは、簡単に説明すると次のとおりです。

側頭葉→海馬→側頭葉（長期記憶）
側頭葉→海馬→破棄（一時記憶）

人間が触れる情報（①）は、脳の側頭葉《そくとうよう》と呼ばれる部分から海馬に送られます（②）。そこで、情報は仮保存されます。何のために仮保存をするかというと、この情報を一時記憶にするか、長期記憶にするかの仕分け作業をする（③）ためです。

海馬に一時的に情報が保存されている状態で、同じ情報が海馬に頻繁に送られてくるようならば、脳は「この情報は重要な情報だ」と判断し、側頭葉に情報を送り返し

記憶のメカニズムを知っておこう!

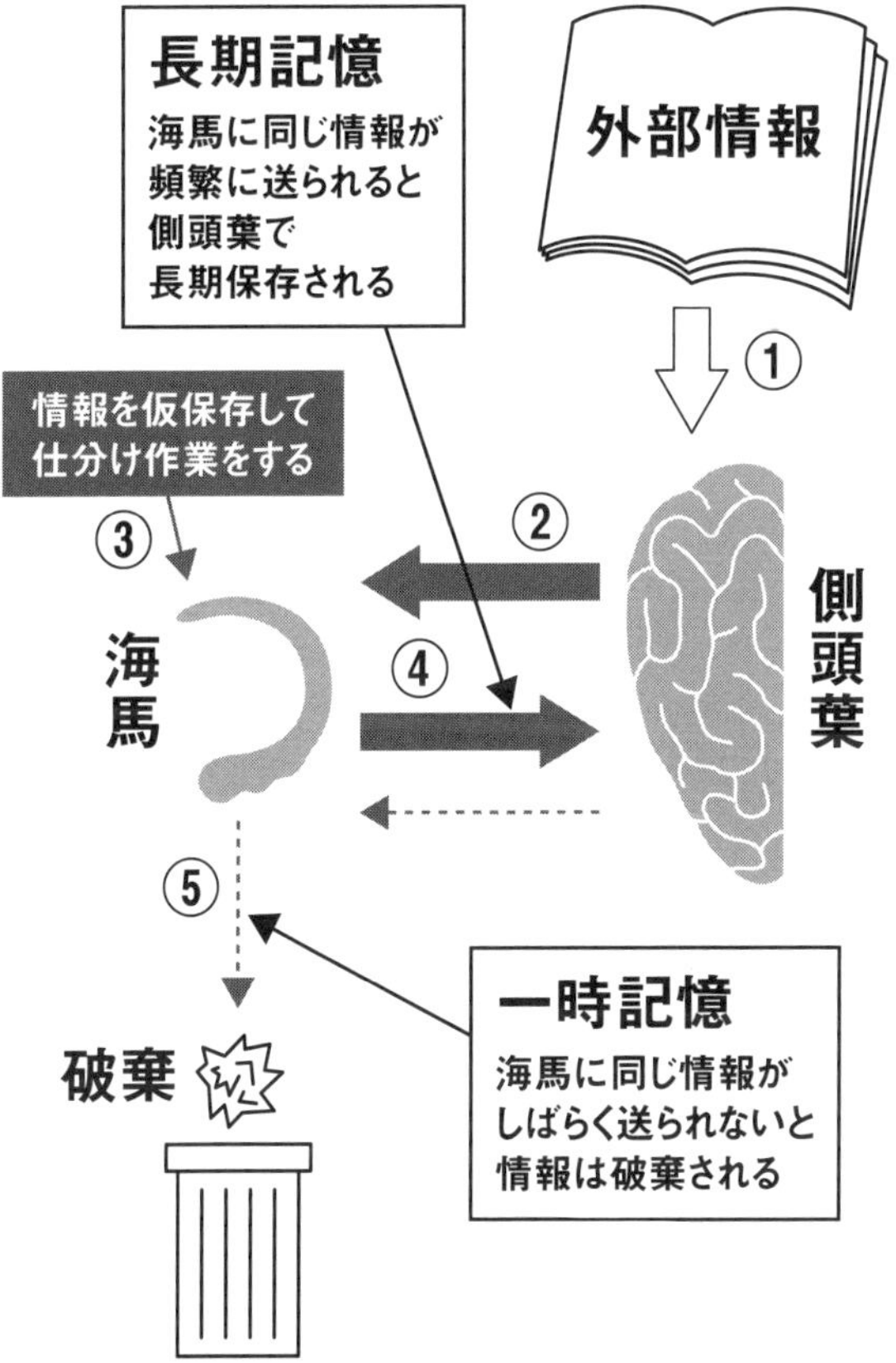

て、そこで長期保存します（④）。これが長期記憶です。一方、同じ情報がしばらく海馬に送られてこないと、脳はこの情報はさほど重要ではないと判断して、破棄してしまいます（⑤）。これが一時記憶です。

例を挙げて説明します。

あなたが英語の勉強として英単語を暗記していると仮定します。ある英単語を暗記しようとすると、その情報は側頭葉を通じて海馬に送られます。そうして1週間後、また同じ英単語の暗記作業をすると、その情報は再び海馬に送られます。さらに、1週間後、同じ暗記作業を繰り返します。これを何度か繰り返すと、この英単語の情報は頻繁に海馬に送られてくるので、脳はこの情報は記憶しておくべき情報と判断して、長期保存します。前述のとおり、再度この情報を側頭葉に送って、そこで長期的に情報を保存するわけです。

一方、あなたがあまり親しくない知人に電話をかけたとします。そうすると、この電話番号の情報は同じように海馬に送られ一時的に保存されます。しかし、その後あ

長期記憶のポイントは定期的な復習にあり!

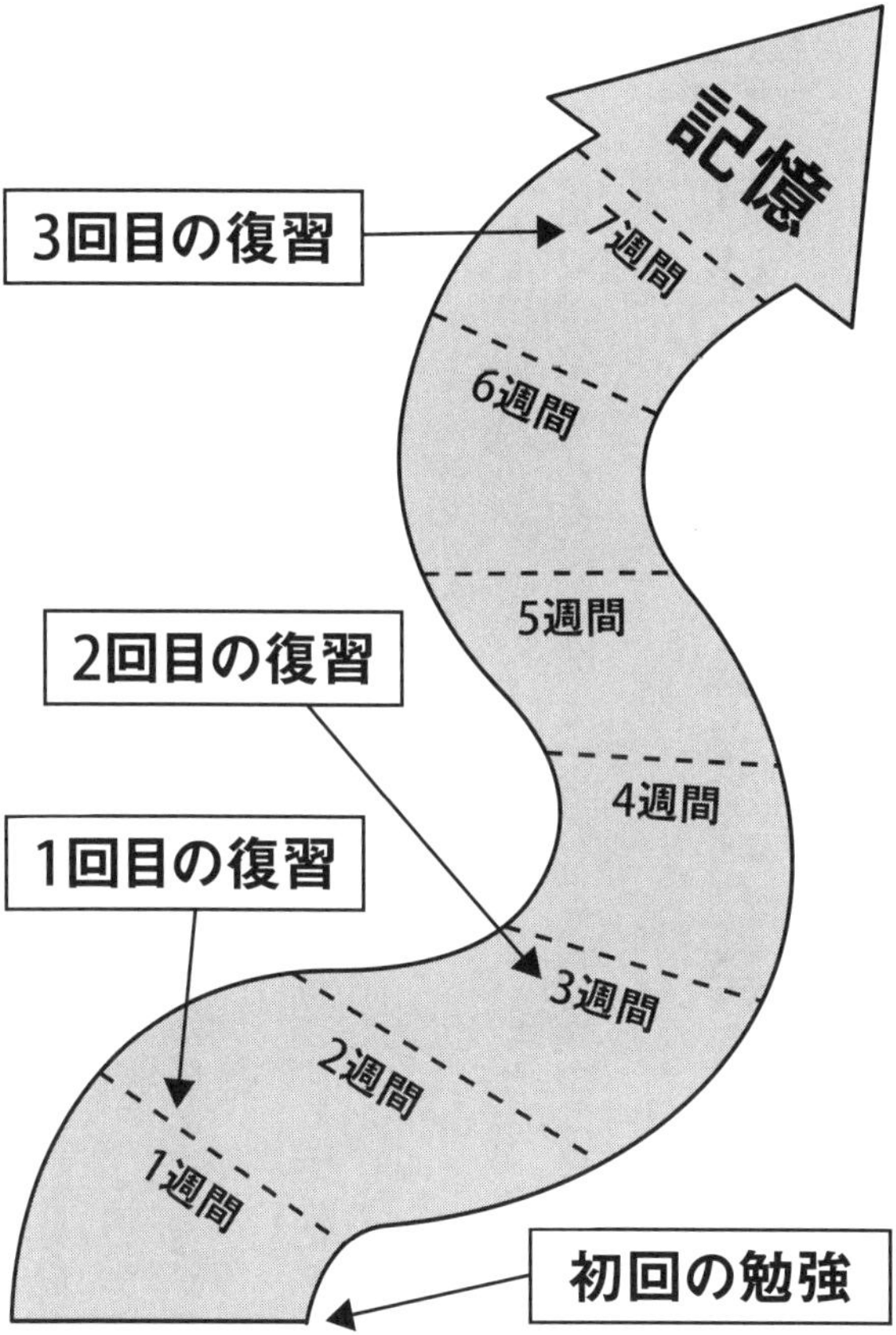

なたは、この知人に電話をかけないので、その番号に触れることはありません。つまり、同じ電話番号の情報を海馬に送りません。そうすると脳は、この電話番号情報は長期記憶する必要がないと判断し、情報を側頭葉に送らずに破棄します。この海馬での仮保存状態は、1カ月といわれています。すると、最適な勉強や暗記の仕方がわかってきます。

すなわち、「ある項目を勉強する→この勉強の1週間後に復習する→最初の復習から2週間後に2回目の復習をする→2回目の復習後1カ月以内に3回目の復習をする」というのが、もっとも効率のいい学習方法です。

人の脳がどのような働きをするのか、どのようなメカニズムで物事が記憶されるのかは、これから本格的に勉強を始める前に知っておいたほうが得策でしょう。

勉強法5 勉強の成果に一番必要な要素は？

勉強の成果をザックリ計算する場合、私は次の公式を提案したいと思います。

それは、$y = a \times b \times x^2 + c$という方程式です。これは$y$（勉強の成果）＝$a$（教材・サービスの質）×$b$（集中力）×$x^2$（勉強時間の2乗）＋$c$（過去の勉強の蓄積）です。

いくら時間をかけても、集中せずにダラダラ勉強していたら成果は上がりません。さらに、勉強時間が2乗になっています。**x（勉強時間）がy（勉強の成果）を決定づける一番の大きな要素なのです！** a（教材・サービスの質）もc（過去の勉強の蓄積）も、x（勉強時間）の2乗に比べれば、大した影響はないのです。

「私は一流大学に行かなかったから」と言う人は、a（教材・サービスの質）の変数の影響が少ないことに、「私は昔から勉強が苦手だったから」と言う人は、c（過去の勉強の蓄積）の影響が少ないことに注目してください。

ちなみに、「自分はb（集中力）が足りない」と感じている方は、あまり切羽詰まっていないから集中できないのです。

要は、いままでの勉強の蓄積は「どうでもいい！」のです。問題は、あなたが、こ

れから、どれくらいの時間をかけて勉強を続けるかにかかっています。つまり、x^2のxの変数をどれだけ増やすかです。

私の方程式で計算してみましょう。

一流大学は、授業の質が高いと思うのでa（教材・サービスの質）は5とします。それ以外の大学は3とします。b（集中力）はどちらも1とします。x（勉強時間）は現在、ほとんど勉強していない人は1とし、毎日コツコツ勉強している人なら10とします。そして、一流大学を出た人は、c（過去の勉強の蓄積）が多いはずなので100とし、過去にほとんど勉強してこなかった人は0とします。

A　一流大学卒業後、ほとんど勉強しないタイプ

$y = 5 \times 1 \times 1^2 + 100$

B　三流大学卒業後、毎日30分コツコツ勉強してきたタイプ

$y = 3 \times 1 \times 10^2 + 0$

Aタイプのy（勉強の成果）は105です。Bタイプは300です。Bタイプの場合、

勉強の成果をもたらす最大要素は時間だ!

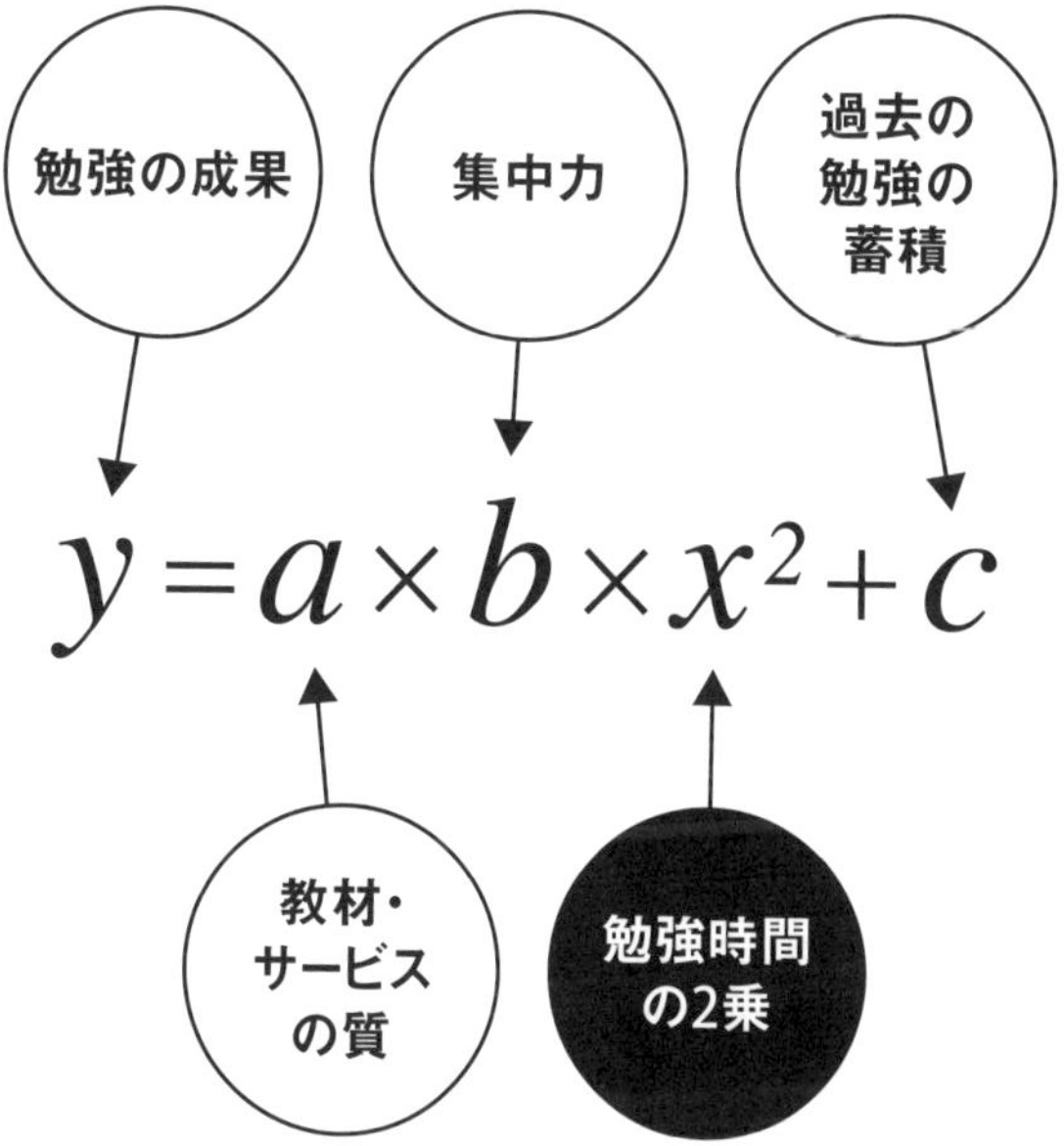

仮にx（勉強時間）の値が7でも、勉強の成果は147で、Aタイプを**ぶっちぎっています！**

ここで勘違いしていただきたくないのは、1日の勉強時間を増やせば、y（勉強の成果）はある程度増えます。しかし、100メートル短距離走ではいけないのです。1週間毎日5時間勉強をして、プッツリ勉強をやめてしまっては意味がありません。これから何年も長い間、マラソンのように勉強を続けていくほうが、長期的には数倍成果が上がります。

勉強法6 勝つための勉強戦略とは？

つまり、**教材・サービスの質2割、勉強量8割で勉強の成果が決まる**と考えて間違いありません。要は、勉強で成果を出すには、勉強量が教材・サービスの質よりも4倍も重要なウェイトを占めるのです。

しかし、多くの学習者が、「少ない勉強量でいかに成果を出すか」と常に考え、この間違った方法を実行しようとしています。だから、望む成果が出ないのです。

私は、勉強量を増やすことが、勉強の成果を一番大きく左右する要素であることを知っています。これを増やさずして、勉強の成果は絶対に上がらないのです。それなのに、世のなかには、「ラクして、簡単に」という勉強メソッドが、特に英語学習の分野で氾濫しています。

巷《ちまた》の英会話学校に通った方も多いでしょう。しかし、そのほとんどの方が英会話を習得できません。なぜなら、勉強量が圧倒的に足りないからです。あなたは自分の勉強量8割の重要性を無視して、「いい教材・サービスはないか?」ということばかりに注意を払っていませんか?

勉強法 7
最初は勉強の成果は出ない?

ほとんどの方が、勉強の成果を2〜3日で感じたいと望みますが、これはほぼ不可能です。

例えば、英単語20個を覚えたからといって、2～3日後に英語がペラペラ話せるわけではありません。あなたは、即効性の成果を期待しすぎるから、「私には勉強が向いていないのだ」と変な自己嫌悪に陥ってしまうのです。

これは非常に重要なことなので、引用させてもらいます。『記憶力を強くする──最新脳科学が語る記憶のしくみと鍛え方』（講談社ブルーバックス）の著者の池谷裕二氏は、脳科学の観点から、勉強と成績の関係を以下のように説明しています。

たとえば、いま皆さんは成績が1のところにいるとします。そして、勉強の目標成績を1000に定めます。勉強してランクが上がると、成績は2になります。さらに猛勉強をして、もう一ランク上がると、成績は4になります。こうして、努力をして続けていくと、成績は8、16、32、64と少しずつ累積効果を示してきます。

しかし、こんなに努力したにもかかわらず、現在の成績はまだ64です。目標の1000にくらべれば、スタートの成績からほとんど上昇していないかのように思えます。ですから、皆さんの多くは、この時点で「なんでこんなに猛勉強をしているのに自分の成績は上がらないのだろうか」「私は本当に才能がないのかもしれな

勉強の成果はすぐには出ない！

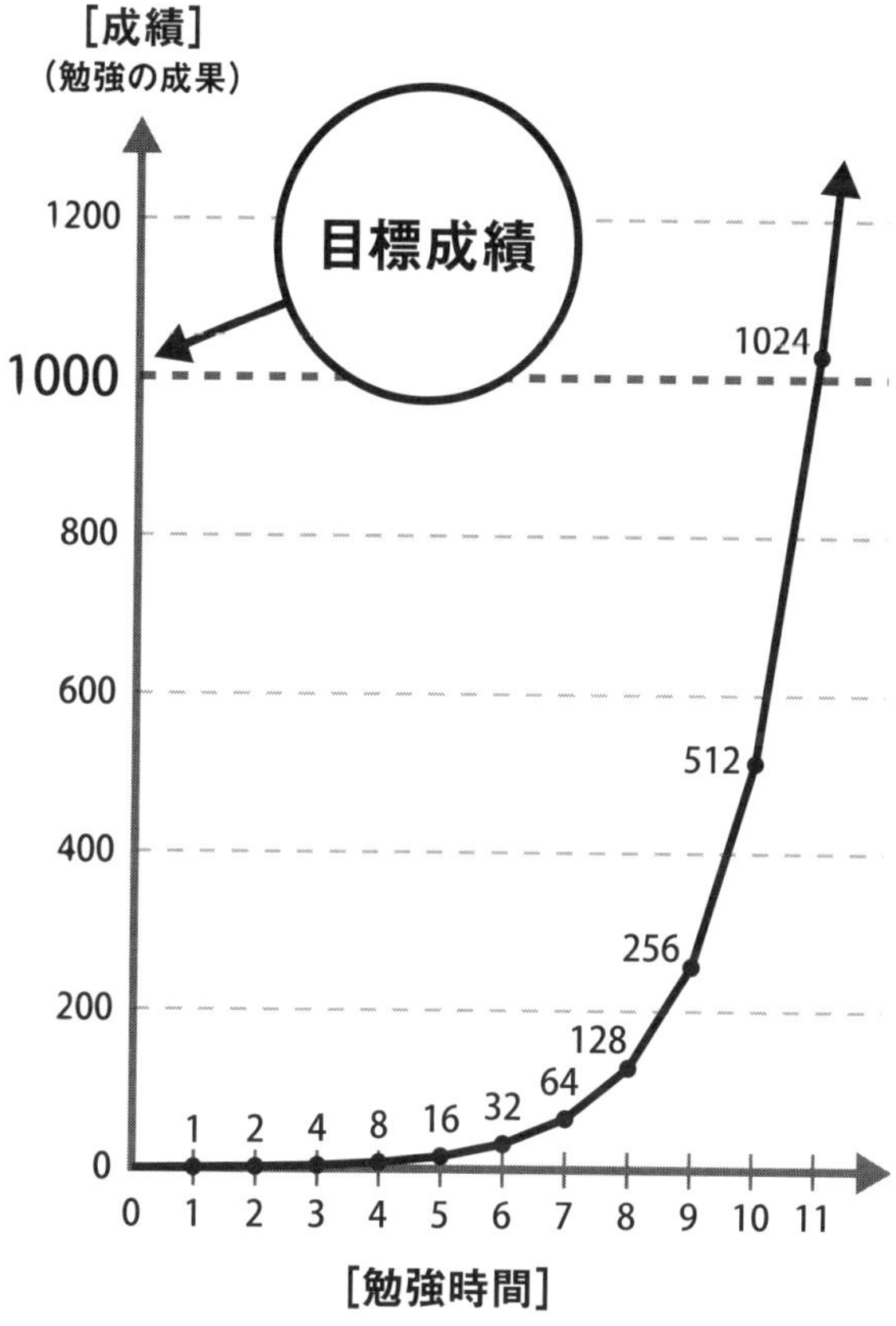

い」と真剣に悩んでしまうことでしょう。そして1000の成績をもった人を見れば「とてもかなわない」「ああいう人を天才というのだろう」「まさに別の人種だな」と思うはずです。たいていの人は、この時点で、自分の才能のなさに落胆して、勉強をあきらめてしまいます。（中略）

しかし、さらに忍耐づよく勉強を繰りかえすことのできる人ならば、その後、成績は128、256、512と上昇していきます。じつは、ここまで努力して、ようやく勉強の効果が目に見えて確認できるようになります。これが勉強と成績の関係の本質です。そして、もう一息の努力をすれば、ついに成績が1024となり、目標に到達できるのです。勉強を続けていると、突然目の前に大海がひろがるように急に視界が開けて、ものごとがよく理解できるようになったと感じる瞬間がありま す。ある意味「悟り」にも似た体験ですが、こうした現象はまさに勉強の累積効果によるものなのです。（P.220-221）

要は、学校を卒業後に勉強をすることがさほどなかったので、過去の勉強の蓄積が少ないのです。あるいは、学校や受験対策以外の新しい勉強を始めたばかりの人なら、学習時間が少なく時間の累積効果が現れません。つまり、勉強の成果は、一次方程式の右上がりの直線のようには上がっていかないのです。

ところが、池谷氏が説明するように、しばらくすると累積効果が効いてくるので、ある一定の時期を過ぎると急激に勉強の成果が現れます。それは半年かもしれませんし、1年かもしれません。大切なことは、「勉強の成果はすぐには出ない」ということを知りつつ、日々勉強を続けることです。

ですから、あなたが勉強の習慣を身につけられるかどうかは、この低空飛行のときに、勉強の成果の曲線を理解しながら、**自分を律して勉強を続けられるか**どうかにかかっています。

残念なことに、勉強の習慣がうまく身につかない人の大半は、この低空飛行のときに、勉強をあきらめてしまうのです。

勉強法 8

効率よく知識を吸収するコツは？

自己投資してください。別の言い方をすると、**身銭を切ってください。**

人間は痛みを覚えないと真剣にならないものです。あなたがこれまで新しい知識を吸収できなかったのは身銭を切ってこなかったからです。身銭を切れば通常は誰でも「必ず投資額の元を取ってやろう」と考えます。私の長い経験から身銭を切らない人の**知識の吸収力はほぼゼロ**に近いと言えます。

私は毎年たくさんのセミナーに出席しますが、「受講しなければよかったな」というセミナーは、いまのところ1つもありません。それはセミナーの質の問題というよりも、私が「必ず投資額以上の価値のある知識やスキルを吸収してやる」という心構えで受講するからです。

「年間に何十万円もセミナーに投資をしてください」とは言っていません。しかし、あなたにとってためになるであろうセミナーが開催されるのを知っていながら、数万円程度の受講料を惜しんで出席しないのは、**あなた自身のレベルの向上を放棄しているのと等しい**のです。

教材やセミナーは、「少し高いな」と感じても、自分のスキルを上達させるものであれば投資をするべきです。そのほうが結局安く、かつ早くスキルを習得できます。

例えば、あるコンピュータ1日セミナーが1万円だったとしましょう。そのセミナーに参加すれば1日で身につくスキルを、市販の書籍で習得しようとしたら、いくらかかりますか？

当然、1冊では習得は不可能で、数冊を講読することになります。コンピュータ関連書は高いので、1冊2500円と仮定します。2冊購入すると5000円です。1日セミナーとの差額は5000円です。さらに、その2冊を読破するのには何時間かかりますか？　さらに、書籍ではわからない箇所は誰に聞きますか？

そうすると、あなたがセミナーに出席する、しないの判断材料は、この5000円の差額を投資する価値があるかどうかです。1万円との比較ではありません。スキル習得料、時間節約料、質問料と考えれば、差額分を払ったほうが、価値があることをおわかりいただけるでしょう。

あなたの一番身近な自己投資は書籍類でしょう。「本はすべて買ってください」とは言いませんが、図書館などで借りて読むと、少なくとも知識の吸収率は10分の1になることは自覚してください。ですから、中古本でもいいので、なるべく身銭を切って購入することをおすすめします。

中小企業経営のコンサルタントであるランチェスター経営株式会社の竹田陽一先生と電話で話をした際に、先生も、「よかれと思って人に教材を買ってあげても、本人が身銭を切らないと吸収力は10分の1以下になりますから、本人自身が教材を買わないとダメ！」と、まったく同じことをおっしゃっていました。

知識を効率よく吸収するコツとして、あなたが勉強したことは、後日、誰か他の人に教えるつもりで勉強してください。そして、実際に覚えた知識を教えてあげると、吸収力が数段よくなります。

勉強法9

なぜ、自己投資が必要か？

大学卒業後に就職するときには、大学での成績や研究成果が重要な選考のポイントになります。就職後、社内で別部署への異動を希望する場合や社費で海外留学を希望する場合、または転職をする場合は、それまでの営業成績など強くアピールできる実績が重要です。

ここに共通点があるのが、おわかりですか？

それは、私たちは**数年前の過去の蓄積で、現在の収入を得ている**ということです。大学での成績・研究成果という過去の蓄積で就職先を得て、仕事での実績という過去の蓄積で新しいポジションを得たり、年収アップにつなげています。

すなわち、**いま、自己投資をしなければ、5年先、10年先にあなたがある程度の収入を確保できる保証はない**ということです。現在、新しい知識を蓄積することが、5

年先、10年先に初めて自己投資のリターンとして現れるからです。

例えば、現在私が英語関係で収入を得られているのは、1995年から7年間にわたって真剣に英語を勉強したからです。その他にもいろいろなセミナーを開けるのは、アメリカ留学の自己投資をいまリターンとして回収しているに過ぎないのです。私はこれを知っているから、今日も自己投資を続けます。5年先、10年先を見据えて。


「2：6：2の法則」というのがあります。世のなかは大きく分けて2：6：2の割合の人たちで構成されているという考え方です。

最初の2は、自分を向上させる気がまったくないので、自己投資しないタイプ。次の6は、自分を向上させる気はあるのだけど、具体的な自己投資の行動を起こさないので、実際には向上しないタイプ。この2と6を足した8が、全体の80％を構成します。つまり、結果的に、ほとんど進歩しないタイプです。自己投資とは無縁のグループです。

おそらく、ここに「80：20の法則」が当てはまります。これは、もともと「パレートの法則」と呼ばれ、イタリアの経済学者パレートが発見した所得分布の経験則です。

いま自己投資をしないと5年後、10年後が危ない！

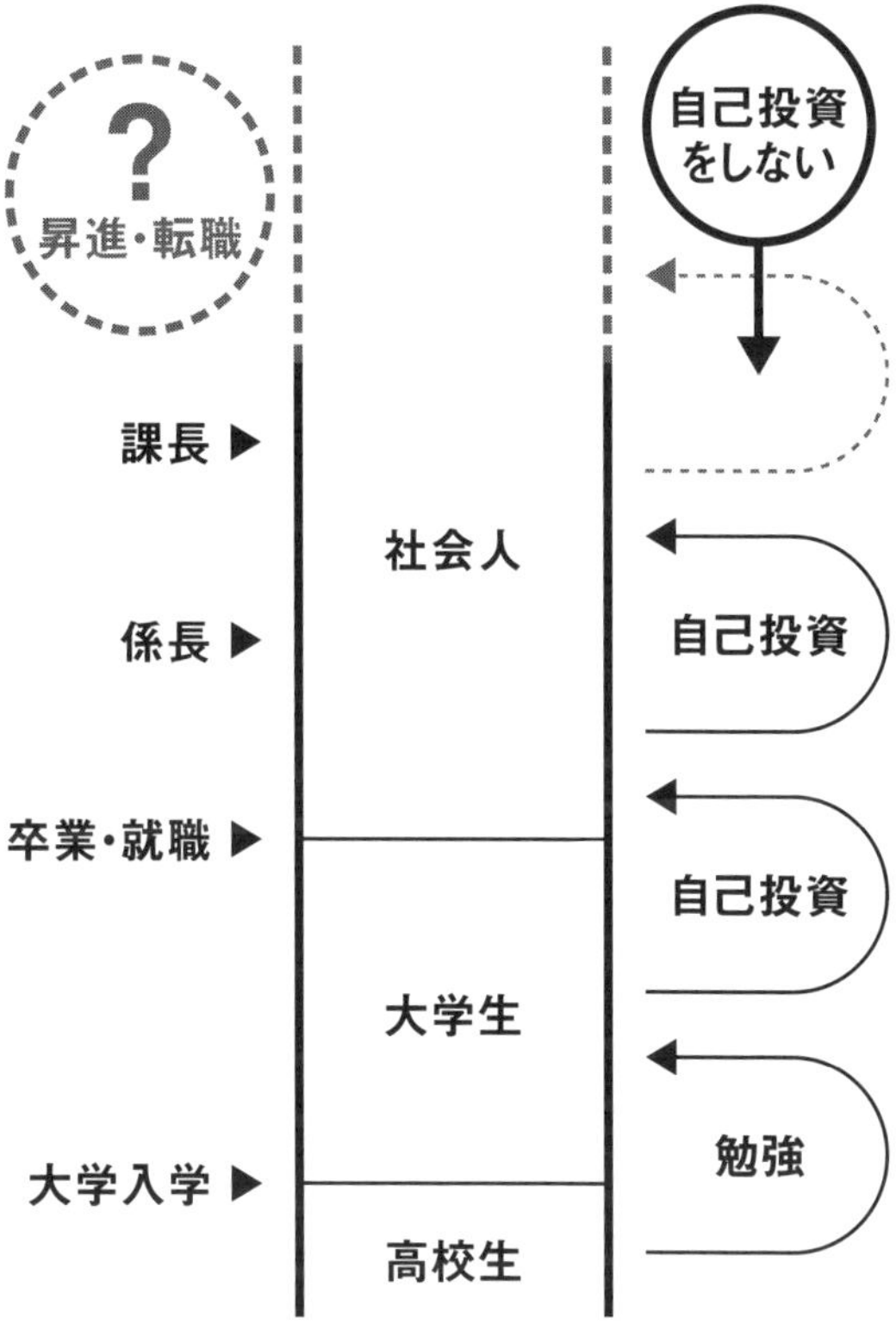

つまり、「売上の8割は、全従業員のうちの2割で生み出している」「商品の売上の8割は、全商品銘柄のうちの2割で生み出している」「仕事の成果の8割は、費やした時間全体のうちの2割の時間で生み出している」など、経済全体の数値の大部分は、全体を構成するうちの一部の要素が生み出しているという説です。

そして、最後に残った上位2の人たちだけが、日々向上しようとコツコツ勉強を続け、自己投資を惜しまないタイプです。別の言い方をすると、変化の早い時代に、自分を進化させ続けるタイプ。世のなかに競争というものがあるとすれば、それはこのトップ20％の人たちが、その20％の人たちのなかだけで競争しています。他の80％は、競争相手になりませんから。

あなたが自己投資をし、勉強を続ければ、その時点ですでにトップ20％です。このトップ20％のなかでトップ50％に入れば、それは全体のトップ10％以内を意味します。さらに、もう少しがんばってトップ20％に入れば、全体のトップ5％以内です。**トップ5％以内に入るのは、意外と簡単**なのです。

勉強法10

私の自己投資歴とは？

ここでは、私のいままでの自己投資歴を書きます。なかには自己投資と呼べないものもあるかもしれませんし、公開するのはちょっと恥ずかしいのですが、読者の参考になると思うので正直に書きます。

1年後に大学の卒業を控えていた頃に就職する気がまったくなかった私は、当時懇意にしていただいていたある教授のアドバイスを受けて、卒業後1年間遊学することを思いつきます。でも、学生ですから当然お金がありません。遊学資金を稼ぐために、私が何をしたかというと、知人の紹介でダンプカーの運転手を始めました。

職業運転者には2種類あり、1つは会社の車を借りてサラリーマン運転手として働く方法で、もう1つは自分で車を買って、自営業運転手として働く方法です。

私は大学4年生になる直前から、サラリーマン運転手として仕事を始め、半年後には自分でダンプカーを買って、週1回大学に通う以外はダンプカーの運転をしながら、ひとり暮らしの生活費と遊学資金を稼ぎました。

このような経験から、私はバスやトレーラーの運転免許も持っているので、心のどこかで「もし自分のビジネスがダメになったら、また運転手をすればいい」という精神的安定につながっています。

大学卒業後も1年間この仕事を続け、春にワーキングホリデー制度を使って、アメリカ・カナダへ遊学の旅に出ました。アメリカをブラブラしているときに、当時オレゴン大学に留学していた友人を訪ねました。

友人が履修している授業にいくつか参加させてもらった際に、真剣に勉強している学生を見て、大学時代まじめに勉強していなかった自分を思い出し、いつかアメリカに留学して、もう一度きちんと勉強したいと強く思いました。これが、この約6年後のアメリカ留学として実現します。

その後、カナダに渡り、カナディアンロッキーを約40日かけてキャンプをしながら、自転車で回りました。

当時カメラを趣味にしていた私は、この旅行中に写真修業も兼ねて、カナディアンロッキーの風景を中心に写真を撮っていました。写真を撮っては、それを日本にいる写真の師匠に送って、アドバイスをもらっていました。この写真修業およびカメラ機材購入の自己投資が、のちに読売新聞社写真部への就職に役立ちます。

カルガリーを中心に、3カ月ほど語学学校やYMCAの英語教室に通いながら、英語を少し勉強し、約10カ月後に日本に帰国します。ここでの英語の経験が、のちにアメリカ留学の際の基礎になります。

その後、読売新聞社の就職試験を受けたら、運よく採用通知をもらいました。これが、26歳の5月頃です。私はそのとき、学生ではありませんでしたし、出社は翌年4月からだったので、長期旅行に行く絶好のチャンスだと思い、すでに就職していた弟にお金を借りて、主要東西ヨーロッパ、中東、中国を6カ月間かけて回りました。

ルーマニアのストリートチルドレン、パレスチナ自治区内にあるガザ地区の現状、中国では上海などの沿岸部と西安などの内陸部との経済格差などを目の当たりにしました。

このときの自己投資から、私は、日本人として生まれたことがいかに恵まれていることかを思い知らされました。日本では、少しがんばれば、ほぼ何でも実現可能なことも知りました。ですから、日本人として生まれてきた大きなチャンスを逃がさないために、新しい挑戦をする勇気が湧いてきました。

27歳のときから読売新聞社で報道カメラマンとして働き始めました。カナダでの写真活動、その後のフリーカメラマンとしての経験が、ここでリターンとして返ってきます。

同新聞社に就職する前にAP通信のカメラマンに会う機会があり、彼から「これからはデジタルカメラの時代だから、デジタルカメラとコンピュータの使い方を覚えるように」とアドバイスをもらいました。

ですから、Windows 95が登場したときは、コンピュータをすぐに自腹で買って使い方を熟知しました。私は自己投資して、早くコンピュータを勉強した分、写真部内でデジタルカメラ取材に一番精通した写真部員の1人になれました。

デジタルカメラで写真を撮ること自体は、フィルムカメラと比べて操作方法はさほど変わりません。問題はその後です。コンピュータに精通していないと、その写真データを画像処理して、携帯電話や衛星電話を使って取材現場から本社に電送する作業ができないのです。

この投資して得たスキルが、1997年8月12日に起きた沼津での列車追突事故で発揮されました。

同日23時18分頃、JR東海の東海道本線沼津—片浜駅間で、停車中の貨物列車に普通列車が追突、43名が負傷するという事故が起こりました。当時、静岡支局に赴任していた私は、宿直の記者から「沼津で列車事故があった。すぐに来てくれ」と連絡を受けます。

支局に駆けつけたのが23時30分過ぎ。朝刊の最終締め切り時間が0時30分。「とても間に合わない」と思いましたが、とにかく事故現場に急ぎました。東名高速道路の静岡—沼津インター間だけでも距離60キロ。事故現場まで70キロ前後はあったはずです。それなのに、23時40分頃に支局を出発し、0時20分頃には現場に到着。道中、狂ったように車を飛ばしたことは簡単に想像がつくと思います。

ここでかつてのダンプカー運転手としての経験が生きました。安全かつ高速で車を運転する技術もそうですが、カーナビがまだ普及していなかった時代に住所だけを頼りに迷うことなく目的地に到着することができました。

締め切り時間まで残りあと10分。

事故現場に着くと、心臓バクバク状態。しかし、ここで1つでもミスをすると絶対に朝刊に間に合わない。焦る気持ちを抑え、手早くデジタルカメラで撮影。

あと5分。

写真電送のために衛星電話を組み立てている時間はとてもない。周りを見渡すとカラオケ店を発見。「緊急なんです！」と頼み込み、電話回線を借りることに成功。

残り3分。

何度も練習を繰り返していたので、慣れた手つきで素早く写真データを画像処理し、あっという間に本社への写真電送を無事完了。

その日の朝刊に、私の新聞社だけカラーで事故現場写真が掲載されました。同部内での自分の評価を多少上げるリターンとして返ってきました。

さらに、報道時代に多少なりとも記事を書いていた経験が、現在の書籍の原稿書きに役立っています。

記事原稿を書く際にはロジック（論理性）がズレないように細心の注意を払います。このことが、私の論理的思考能力を発達させるのに役立っています。

ですから、現在200ページを超えるような長い書籍用の原稿を書いても、ロジックがずれることは少ないと思います。この能力があると、新しいセミナーを作る際にも、説得力がある内容を作成することができます。

加えて、記事原稿をデスクに編集してもらったおかげで、日本語能力が伸びました。これは翻訳作業に非常に役に立っています。

というのは、それなりの英語の和訳ができても、適切な日本語が使われていないと、読む人にわかりやすい日本語にはなりません。あなたもビジネスやコンピュータ関連の翻訳本を読んだ際に、読みにくい・わかりづらい文章を見かけたことがありませんか？　これはすべて翻訳者の日本語能力の未熟さが原因です。

読売新聞社に就職してからしばらくしても、アメリカ留学の夢が頭から離れませんでした。このとき、「30歳までにアメリカ留学できなければ、留学の夢をあきらめよう」と心に決めて、コツコツ英語の勉強を始めました。この自己投資が4年後、アメリカ留学実現というリターンとして返ってきます。

その際、当初2年間の留学予定でしたが、英語力もきちんと身につけるために、留学期間を3年に延長し、最初の1年間は英語を徹底的に勉強することにしました。

このプラス1年間の留学の自己投資、さらには大学生時代に追加授業を履修して英語の教員免許を取得したことが、翻訳ビジネスの立ち上げ、英語の指導、英語学校の経営というリターンとして返ってきます。

加えて、身銭を切って留学した経験を生かし、留学アドバイスを提供しています。

アメリカで修士号を取ったことが、日本での再就職という形で返ってきています。経営学修士（MBA）とひと言で言っても、2年目にはファイナンスやマーケティングなどの専門分野を専攻します。私は経営情報システム（MIS）というIT関連の分野で卒業しました。ですから、いままでの報道というキャリアとはまったく違うIT関連のベンチャー企業に就職できました。

しかし、この会社がコンピュータの技術者ばかりの会社でしたので、私のコンピュータスキルは彼らのそれとは比べものにならないほど低いものでした。

ここで、上司からコンピュータの資格を取得するように指示されます。そして、半ばイヤイヤでコンピュータの資格試験に挑戦したことがきっかけで、ビジネスチャンスを見い出し、私は翻訳ビジネスを立ち上げることができました。つまり、当時、日本のコンピュータ資格関連の教材はきわめて質が低かったため、私は英語の参考書を使って勉強し、そのおかげで試験に合格することができました。そこで、ビジネスとして、この参考書を翻訳して日本の受験者にも提供し始めたのです。

この自己投資が、ビジネス立ち上げ・起業という形で返ってきます。その他にも、アメリカ留学の自己投資をしたので、現在、各種セミナーが提供できています。

そして、いまでも勉強を続けています。

例えば、私がアメリカで学んだビジネス理論は大企業向けですので、スモールビジネス向けの学習はしていません。ですから、スモールビジネスが生き抜くための勉強を続けています。新しいスキルを身につけて、Podcastを配信したり、教材のビデオ編集をしています。

長々と私のことを書きました。1人の自己投資歴から

●現在のあなたは過去の蓄積で収入を得ている
●自己投資したことの大半は、必ず数年後にそれ以上のリターンとして返ってくる
●今日、自己投資しなければ、5年先、10年先が危ない

ということがおわかりいただけたと思います。

まとめ

■「勉強したい」と思ったときが、勉強意欲が一番高いとき。この時期に集中的に勉強すれば、通常の何倍も効率よく知識を吸収できる。

■1日5時間1週間だけ勉強するよりも、毎日30分の勉強を5年間続けるほうが何十倍も効果的。

■三日坊主でもいい。三日坊主を年間50回繰り返せば、1年間で150日も勉強することになる。

■最初の学習の1週間後に復習を、その2週間後に2回目の復習を、さらにその1カ月以内に3回目の復習をするのがもっとも効率のいい勉強方法。

■y（勉強の成果）＝a（教材・サービスの質）×b（集中力）×x^2（勉強時間）＋c（過去の勉強の蓄積）

■効率よく知識を吸収するには、身銭を切る（自己投資する）こと。身銭を切らない人は知識の吸収力はほぼゼロ。

■自己投資をすれば、必ず数年後にリターンとして返ってくる。

第2章 勉強時間を捻出する方法

勉強法11

テレビを見なければ、2カ月分の時間を捻出できる?

毎日、簡単に2時間を捻出する方法を伝授しましょう。

それは……**テレビを見ないこと**です。「そんな簡単なことか!」と、怒る人もいるでしょう。もう少し詳しく説明させてください。あなたに次の3つの質問をします。

1. テレビを毎日2時間見続けると、あなたの望むスキルは習得できますか?
2. テレビを見ていれば、5年後、10年後にあなたは有能なビジネスパーソンになっていますか?
3. いままで長年テレビを見てきて、何か習得したスキルはありますか?

答えはすべて「いいえ」のはずです。このたった3つの質問から明らかなことは、テレビから有益な情報を得る確率は非常に低いということです。もちろん、自然科学番組や経済情報番組などから、ビジネスパーソンにとって有益な情報を得ることもあるでしょう。しかし、一般の方々が見ているテレビ番組のほとんどは、何の利益にもならないバラエティー番組です。

人間の体は食べた物が栄養になり、その栄養の質で体の成長や健康が大きく左右されます。同じように、**人間の脳はインプットされた情報が栄養になり、その情報の質で人格や能力が大きく左右されます**。周りの環境、またはインプットされる情報の質の違いで、考え方に差が生まれます。

インプットされた勉強や、自己投資に対する考え方が違えば、30年後、50年後の人生は当然大きく違ってきます。ですから、ためにならないテレビ番組を見続けた人間が、10年後にレベルアップできていないのは当然の結果なのです。

だまされたと思って1週間、いや3日間、テレビを見ないでみてください。

「忙しい、忙しい」と感じていたはずなのに、突然、手持ちぶさたになります。つまり、やることがないという状態です。

ご家族との関係上、テレビの電源を切るのが難しい場合は、家族の方々がテレビを見ているときに、あなたは未読本や専門書に目を通します。

つまり、他のビジネスパーソンがバラエティー番組を見てゲラゲラ笑っているときに、あなたは自分のスキルを磨くための勉強をするわけです。睡眠時間を削る必要はまったくなく、いままでテレビに割り当てていた時間を自己投資の時間に充てるだけでいいのです。

こうして、テレビを見ていた2時間を別の活動に割り当てれば、あなたは1時間を新しいスキルを習得するための勉強に、さらに1時間をご家族と過ごす時間に割り当てることもできます。

それでも抵抗する人がいるでしょう。「テレビを見ないと生活できない」と。では、あなたがいままで、毎年貴重な人生（時間）をどのくらい浪費してきたかを計算してみましょう。数値化すれば、明確になります。

毎日、平日は最低2時間くらいテレビを見るでしょう。1年を52週とすると、52週間×5日（平日相当分）×2（時間）は520時間です。さらに、土日は5時間ずつテレビを見るとすると、52週間×2日（土日相当分）×5（時間）も520時間です。合計は1040時間です。年末年始などの祝日が入るので、もう少し多い時間になるでしょう。しかし、少なめに計算するために、この数値を使います。

これを24（時間）で割ると、**43日分です！**

つまり、「忙しい、忙しい」と言っているあなたは、実は1年のうち1カ月半近くテレビに費やしているのです。

さらに、ショッキングなことをお教えしましょう。1040時間を24（時間）で割るのは、現実的ではありません。なぜなら、通常は1日7時間程度眠っているわけですから。よって、実質的には、1040時間÷17（24時間から睡眠時間を差し引いた数字）の答えは……。

61日分です！　つまり、あなたは1年間の実質活動時間のうち、約2カ月間もテレビに浪費しているのです。1年の活動時間の約17％です。別の言い方をすると、テレビを見ないでいると、神様があなたに、6年ごとにさらに1年分の人生（時間）をプレゼントしてくれるのです。

これがあなたの残りの人生ずっと続きます。あなたが平均寿命の80歳でこの世を去るとしたら、何年分の節約になるのでしょうか？

例えば、現在32歳の人が80歳まで48年間生きたとします。もし、この人がテレビを見る習慣がなければ、この人はテレビを見て過ごした人に比べて、**8年も長く時間を使える**ことになります。ですから、80歳で亡くなったとして、事実上88歳まで生きたことと同じことになります。

テレビで時間を浪費しさえしなければ、サプリメントなどの健康食品にお金を使う必要はまったくなく、実質の人生の活動時間を簡単に延ばせるのです。

このことをきちんと認識してください。テレビを見るのを完全にゼロにするのは、難しいかもしれません。でも、半分に減らすだけで、1年の実質活動時間が1カ月分増えるのです。

数値化したらはっきりしたでしょう？　テレビを見続けることがいかに時間を無駄

テレビを見なければ寿命が延びる!?

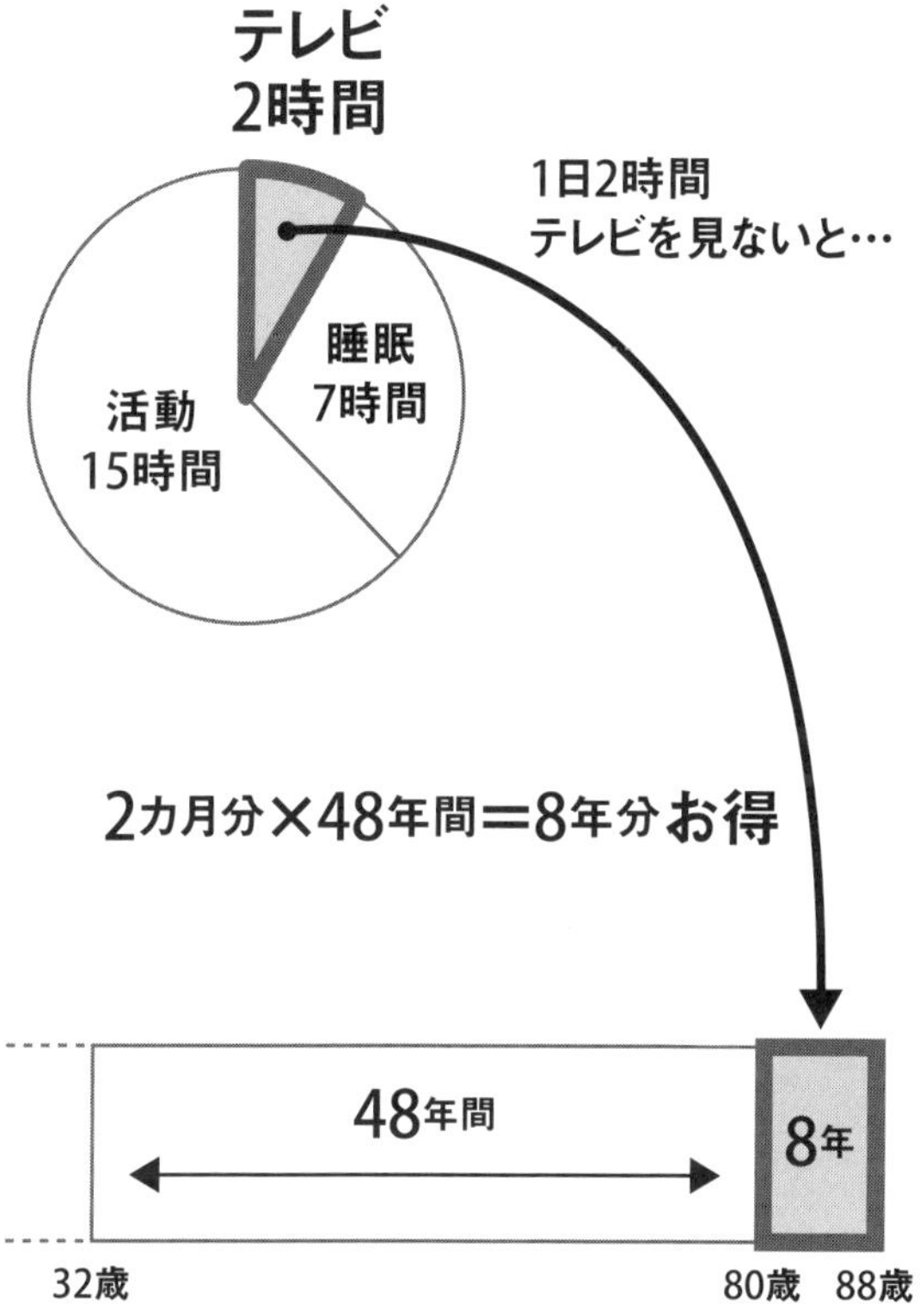

にしているかが。いままでテレビを見ていた時間をうまくコントロールすれば、簡単に時間は捻出できるのです。さらに、この時間を勉強に充てれば、簡単にライバルに差をつけられます。

どうしてもテレビを見る必要があれば、録画しておいて後から見ることをおすすめします。コマーシャルを早送りしたりカットしたりすることで、60分のテレビ番組を約40分以内で見ることができます。私は、この方法でビジネスニュース番組を見ています。

最近は、インターネットがテレビの役割と置き換わりつつあります。ですから、テレビの電源を切っても、無意味にネットサーフィンをしたら同じ時間の浪費になります。ネットサーフィンやメールのチェックも必要最低限にしたいものです。

ちなみに、私はこの方法で、サラリーマン時代に時間を捻出し、通勤中の勉強時間以外に帰宅後、毎日3〜4時間を勉強に充てていました。私はテレビがあるとどうしても電源を入れてしまうタイプなので、当時はテレビ自体を自宅に置いていませんでした。

勉強法 12

会社での勉強時間の捻出方法とは？

私は以前、4年間ほど報道関係の仕事をしていたので、時間にはシビアです。その後、一般の会社に入ってビックリしたのは、一般の会社員は時間に追われて仕事をする経験がほとんどないので、仕事のスピードが非常に遅いということです。3時間かかる仕事なんて、工夫次第で簡単に2時間で終えることができます。余った1時間をスキルの習得に充てられるのです。

ですから、なるべく日々のルーティン（決まった）業務を早めに終えるように努力をして、**余った時間をスキル習得の時間に充てる**ようにしましょう。

通常は、業務に関係する勉強なら、同僚や上司から文句を言われません。抵抗がある場合は、ルーティンの仕事は定時内で終わらせ、残業時間帯をスキルの習得に充ててみてください。

新聞社時代、私は私物としてノートパソコンを1台購入し、写真伝送の練習などをしたり、ネットサーフィンをしながら記事のネタを探していました。当然、業務に関係あることなので、文句を言われたことは一度もありませんでした。

さらに、昼休みをキッチリ1時間取らないということです。どうせ、昼食なんて30分もあれば終わります。残った30分を勉強に充てるのです。「昼はレストランが混んでいるから」というのであれば、11時30分頃に仕事を切り上げて、混んでいない時間帯に昼食を摂ります。

ただし、「同僚がいるので、自分だけ『じゃっ』と切り上げて勉強をするわけにもいかない」という方は、昼食時間帯に会社で時間を捻出することはあきらめましょう。

勉強法 13 同僚に差をつける時間の使い方とは？

同僚とまったく同じ行動をしていたら、5年後、10年後は同僚と同じレベルで終わります。

あなたもご存じのとおり、会社内での評価は絶対評価ではなく相対評価です。つまり、あなたが同僚よりも仕事ができる・できないという能力の格差で決まります。あなたが別の会社に移った場合は、新しい会社での同僚との能力の格差で決まります。

同僚と同じ行動や習慣を続けて、「5年後、10年後には自分は同僚よりも一段高いレベルにいるはずだ」なんて、考えていないですよね。

とはいえ、社内では同僚や上司とのつき合いも非常に大切です。社内の人間関係を壊してまで実行するのはリスクが伴うので、程度を考えて勉強時間を捻出し、実行してください。

仕事を早くこなすコツをお教えします。「この仕事を1時間で終わらせる」というように**仕事の処理時間を先に決める**のです。

普通のビジネスパーソンはこんなふうに仕事はしません。私は報道の世界で、仕事を短時間で終わらせるスキルをいつの間にか身につけました。朝刊や夕刊には締め切りというものがあって時間が決まっているのです。おかげで、締め切りまで30分なら30分以内で仕事が終わるように、10分なら10分以内で仕事が終わるように、仕事を早くこなす習慣が身につきました。

　仕事の処理スピードを上げるには、日々処理スピードを上げようと心がけて仕事をします。これは一種のトレーニングと同じです。表面的には、同じ時間を使っているように見えますが、短い時間で仕事を仕上げ、余った時間で勉強をしているので、数年以内に明らかに同僚と差別化できます。

勉強法 14 自宅・会社以外での捻出方法は？

「自宅だと子どもがうるさくて集中して勉強ができない」という方は多いと思います。その場合は、会社に残って残業時間帯に勉強します。または、会社に30分から1時間程度早く出社して勉強します。

　この場合の利点は、必要な机、椅子、コンピュータはすべて揃っているということです。難点は、冷やかす同僚や上司がいる可能性があることです。

会社で残業時間帯を使って勉強することに抵抗がある方は、喫茶店を利用することをおすすめします。300円程度の投資で、机、椅子、照明が確保できます。そして、第8章で紹介する耳栓を使って、30分から1時間程度集中して勉強するのです。

「毎日300円の出費。1カ月で約6000円は高いな」と感じるかもしれません。しかし、一般のビジネスパーソンが自分の書斎を確保することは難しいでしょう。さらに、書斎が確保できても子どもがうるさくて勉強できなければ、書斎は存在しないのと同じことです。ですから、喫茶店で飲み物代を払うのは、**時間と場所を確保する代金**と考えてください。

「毎月6000円程度の出費で、自宅外に移動書斎が持てる」と考えてはどうでしょうか。こうやって自宅や会社以外でも、勉強時間を捻出します。

早朝もしくは残業時間帯に1日にたった30分でいいので勉強を続けてみてください。繰り返しになりますが、大切なことは、習慣化してほぼ毎日続けるということです。

仮に1日30分勉強したとします。週5日を年間52週続けると、年間で130時間、1日1時間の勉強だと年間で260時間勉強することになります。年間130時間の勉強時間は、1日8時間の勉強を16日以上、年間260時間の勉強時間は、1カ月以上勉強し続けることに匹敵します。

でも、元をたどれば1日にたった30分〜1時間の勉強です。工夫すれば、業務時間での30分〜1時間の勉強時間捻出は可能なはずです。

勉強法15 通勤時間の賢い使い方は？（電車の場合）

通勤時間が主な勉強時間になる方も多いでしょう。通勤時間を使った勉強のコツをいくつか伝授します。

まずは、**新聞はサッと要点だけ読む**。つまり、新聞を読むのに30分も40分も時間をかけないということです。もし特定の業界に勤められており、業界新聞（例えば、建築新聞や金融新聞など）が発行されている場合は、そちらの新聞のほうが、業界に詳しい情報が載っています。

次に、1駅か2駅移動すれば、始発電車に乗れませんか？　もし、そうであれば、10分程度の遠回りをしてでも座って通勤するほうを選びます。そして電車内で座って勉強します。

私の最寄り駅では、朝10分おきに始発電車が発車しており、15分もホームで待てば必ず座れます。昔、私の帰路は地下鉄東西線の大手町駅経由でした。目的駅とは反対の方向に1駅戻り、竹橋駅から乗車すると大手町駅でほとんどの乗客が降ります。そうすると9割の確率で座って帰ることができます。1カ月定期券購入の際に、200円程度上乗せすれば、乗車区間を1駅延ばすことができます。

そして、車中の時間を勉強に充てることが大切なのではなく、**今日1日と翌日の2日間のトータルで勉強の能率が一番上がる方法を考えることが大切なのです。**

例えば、帰宅中の車内で「少し疲れているな」と感じれば、仮眠を取って帰宅後に勉強をするほうが効率的に知識を吸収できます。逆に、「いまは頭が冴えている」と感じれば、いまの手持ちの時間を使って車内で勉強し、勉強がはかどった分、その夜は30分程度早くベッドに入ります。そして、通常よりも30分多く睡眠を取り、明日に備えるわけです。帰宅後、疲れている場合は、例えば1時間早くベッドに入り、翌朝1時間早く起きて勉強します。

つまり、勉強をする行為自体が大切なのではなく、**体調のいい状態で、集中して効率よく知識を吸収する**ことが大切なのです。

勉強をやり始めた頃は、どうしても知識を吸収することよりも勉強する行為自体に価値を見い出しがちです。ですから、効率が悪い方法でも無理して勉強をしようとしてしまいます。なぜなら、勉強の成果がすぐに現れないために、勉強する行為を通じてしか、「知識を吸収した」という実感が得られないからです。

どうしても座って通勤できない場合は、あきらめて立ったままビジネス書・参考書を読みます。

毎日の通勤時間を使えば、最低毎月4冊は読めるはずです。片道の通勤時間が45分の場合、これで毎月33時間（90分×22日）、年間で約400時間の勉強時間が捻出できます。

移動中における勉強のコツは、まったく生産的な活動をしていない時間を減らすことです。

電車内で本を読むわけでもなく、音声を聞いて勉強するわけでもなく、ボーッとしている乗客を見かけませんか？　最近は、携帯電話でゲームをしているビジネスパーソンを多数見かけます。このような非生産的な時間を極力少なくして、必ず何かの勉強時間に充ててください。「5分も無駄にはしないぞ！」という心構えを持っていれば、1年間で相当の勉強時間の違いが生まれます。


報道時代に、当時ワシントン・ポスト紙の日本支局長をされていたトム・リード氏の取材をしました。私はこの方の時間の使い方に、とても感銘を受けました。

記者と私がリード氏のオフィスに到着すると、リード氏は私たちが到着する直前まで仕事をしていました。簡単なあいさつの後、記者が「インタビューを録音させてください」と言って、テープレコーダーの用意を始めました。録音の準備が完了するまで、ほんの10秒程度だったと思いますが、私がビックリしたのはこのときです。

なんとリード氏は、記者が準備をしている短い時間を惜しむように、再び机に目を落とし仕事を続けたのです。10秒でも仕事を進めるために！　普通なら、その間ただ待っているでしょう。

5分どころか数秒も無駄にしたくない。時間の使い方の上手な人の習慣を垣間見た瞬間でした。

勉強法 16

通勤時間の賢い使い方は？（車・徒歩の場合）

車・徒歩での通勤時間中にはラジオや音楽を聞くのは控えて、それに割いていた時間の一部を勉強に割り当ててみてください。

アメリカではオーディオブックという書籍を朗読したカセットやCDが売られていますす。しかし、日本ではまだあまり普及していません。よって、これを自分で作るしかありません。

ちょっとアナログな方法ですが、例えば、あなたが英語の勉強や何か資格取得の勉強をしていたとします。重要な項目をあなたの声でICレコーダーやカセットテープに録音して、それを移動中に聞きます。目からの記憶よりも耳からの記憶のほうが心に残るといわれています。自分の声を聞くのはちょっと恥ずかしいですが、あなたしか聞きませんから大丈夫です。

「録音が面倒」という方は移動中の勉強はあきらめるか、既製のＣＤやカセットなどを聞きます。私は、車を運転中に既製の英会話のカセットを聞いていました。

私の場合、英語のオーディオＣＤやビジネス系の学習教材をｉＰｏｄに入れて、徒歩での移動中に聞いています。

英語のＣＤは、自分の英語力を落とさないために聞いていますし、ビジネス系の教材ではスモールビジネスの勉強を中心にしています。最寄り駅へのたった数分間の移動時間でも、ｉＰｏｄは必ず携帯して何か聞いています。この移動中のながら勉強は、机に向かってする勉強と違いますが、これも立派な勉強です。

さらに、音声を使ったながら勉強のいいところは、繰り返し学習ができることです。同じ本を10回繰り返し読むのは大変ですが、**音声ならば10回聞いてもほとんど苦に**

なりません。先ほども書きましたが、知識を吸収するために重要なことは、定期的に繰り返し学習することです。

音声を使えば、通常は非生産的な移動時間帯を生産的な勉強時間に変えることができます。そして、繰り返し学習するので、ながら勉強は非常に効率のいい勉強方法なのです。隙間時間の活用方法については、『無理なく勉強を続けられる人の時間術59』（大和書房）を参考にしてください。

勉強法17 休日の勉強時間はどうやって捻出する？

私は留学のために勉強していたときには、休日には1日10時間以上勉強していました。しかし、一般の人は資格取得などの特別な目的がない限り、休日にこんなに勉強する必要はありません。

個人差はありますが、休日には1日2～3時間も勉強をすれば、OKとします。休日は丸1日休みなのですから、工夫次第で実質活動時間の17時間中2～3時間の勉強時間は捻出できるはずです。

別に勉強といっても堅苦しく考える必要はありません。未読本を読むことでもいいし、自分を一段高いレベルに上げる、生産的な活動に割り当ててくださいという意味です。

2~3時間の勉強だとすると、朝少し遅く起きて午後2時頃までに1時間程度、それから午後8時頃まで自由に自分の好きな時間を過ごして、それから午後10時までさらに1時間程度勉強すれば、2~3時間勉強できます。

ご家族がいる場合は、ご家族との調整が必要です。小さな子どもがいる場合は、子どもが目覚める前と、寝た後のほうが集中して勉強できるでしょう。

勉強法18 「できれば朝型」がおすすめの理由は？

個人差はありますが、一般的に朝のほうが効率よく勉強ができます。

というのは、朝のほうが、勉強を妨げる誘惑が少ないのです。例えば、朝早い時間帯だと、テレビのスイッチを入れても面白い番組は何一つやっていません。ところが、夜の時間帯だとテレビ、電話、飲み会、その他の誘いなど勉強を妨げる誘惑が多いのです。

さらに、早朝の時間帯のほうが時間が進むスピードが遅いという人もいます。これを証明する方法はありませんが、長い勉強の経験から私も**朝のほうが時間が進むスピードが遅い**と思います。同じ1時間でも、朝の1時間は夜の1時間半から2時間くらいに匹敵するのです。ですから、朝4時半頃に起きて、2〜3時間ぐらい勉強や仕事をすると、その日にこなさなければいけない勉強や仕事の大半は片づきます。

だまされたと思って、一度朝早く起きて2時間くらい勉強してみてください。夜間に同じ時間勉強するのと比べ、勉強のはかどり方がまったく違うのがわかるはずです。もし、朝のほうが効率的に学習できることがわかったら、生活習慣を朝型に切り替えることを強くおすすめします。そのほうが、夜型に比べて時間の使い方が圧倒的に効果的ですし、勉強の効率が格段に上がります。

アメリカ留学時代に私は、夜10時頃には寝て、毎朝4時半頃には起きて予習をしていました。朝の時間帯の活用方法については、『「朝30分」を続けなさい！』（アスコム）を参考にしてください。

まとめ

■テレビを見ないと、1年間で約2カ月分の時間を捻出できる。

■会社には勉強のツールがすべて揃っている。30分〜1時間早く出社して勉強しよう。喫茶店も勉強空間になる。

■片道45分の通勤時間を勉強に充てれば、年間約400時間の勉強時間が捻出できる。

■移動時間帯（車・徒歩）には、ながら勉強をする。

■生活習慣を朝型にして、朝に勉強したほうが効率的。

実践者の声①

仕事に関しては、「この仕事は○時間で終わらせる」と決めてから取り掛かるようになり、大体そのとおりに終わるようになりました。そこで空いた時間を、スキルアップの時間に充てられるようになりました。毎日、最低30分、勉強時間を確保しています。

その積み重ねで仕事に必要な知識が増えました。毎日の積み重ねは毎日やらないと体感できないことがわかりました。

テレビの時間を減らすと、子どもと遊ぶ時間や家族の時間も持てるものですね。他にも、眠い時には無理して勉強しない。以前は、夜、仕事が終わってから勉強したりしていましたが、吸収率が悪いですね。

前の日できなかった勉強は、朝、電車のなかでやっています。電車のなかでやる勉強は電車のリズムのせいなのか吸収率がよいように思います。さらに、計画してから行動できるようになりました。

東京　Aさん

第3章 勉強に集中する方法

勉強法
19

「気持ちいい」は勉強の集中に不可欠？

会社などから帰宅後に勉強をしようと思っても、体が汗ばんでベトベトするような生理的に不快な状態では集中して勉強ができません。このような場合は、先にお風呂に入るなどして、生理的に気持ちいい状態になってから勉強を始めてください。私は帰宅後、足がベトベトしていると勉強に集中できないので、とりあえず足だけ洗うことが多いです。

同じように、眠い状態やお腹が空いている状態も集中を妨げます。さらに、部屋が快適な温度ではない状態や騒音が許容範囲を超える状態も、効率よく勉強する環境ではありません。これら集中しづらい状態では、勉強効率が極度に落ちるので、極力、生理的に気持ちいい状態で勉強できる環境作りに注意を払ってください。

これに気づいたのは、自分のこんな経験からです。

留学のために勉強していたとき、時間が惜しいので帰宅後すぐに机に向かって勉強を始めていました。ところが、なかなか勉強に集中できないのです。「どうしてかな?」と原因を追及したら、やっとわかりました。生理的に不快なのです。報道カメラマンはかなりの肉体労働なので、結構汗をかいていたのです。

集中できない状態で、効率の悪い勉強をするのは賢いやり方ではないという考えは、留学中に確信に変わりました。

なぜなら、「眠い」などの集中力が低い状態で勉強しても、ほとんど知識を吸収できていないことがわかったからです。これでは何のために時間と労力を使って、勉強したのかさっぱりわかりません。

ですから、「いかに効率よく知識を吸収するか」ということを考え続けた結果、**「集中力が高い状態のときに勉強をして、集中力が低いときには勉強は避けるべきだ」**という結論に達しました。そのために、生理的に「気持ちいい」状態作りは欠かせません。

勉強法
20

集中力の持続時間はどのくらい?

人間の集中力は通常、それほど長く続くものではありません。

私の場合、**長くて30分が限度です**。でも、勉強の習慣が身についていない人は、集中力が切れたあとも無理をして勉強を続けてしまいます。つまり、イヤイヤ勉強しているわけです。これを長く続けると、脳は勉強を次のように気持ちよくない感情と関連づけてしまいます。

勉強＝イヤイヤ、我慢、不快

あなたが、がんばって勉強をしているつもりでも、このイヤイヤ勉強の行為が長期的に勉強を続けることを妨げる大きな要因になります。なぜなら、勉強自体が嫌いになってしまう大きな原因になるからです。

脳の行動パターンは非常に単純です。

1．痛みを避ける

2．快楽を得ようとする

イヤイヤ勉強するということは、脳にとっては痛みになるわけです。すると、脳は痛みを避けようと、勉強をし**ない**ように指示を出し、勉強が長続きしなくなります。

ちなみに、一番能率が上がり、集中して勉強ができる時間帯は人それぞれです（私は朝型をおすすめしますが）。朝が一番集中して勉強できる人もいれば、深夜の人もいます。

しばらく勉強を続けると、自分が一番調子よく勉強できる時間帯がわかってきます。そうしたら、その時間帯に勉強するようにスケジュールを組んで、効率の上がらない時間帯は、きっぱり勉強をあきらめ、趣味などご自身の自由時間にするか、または、さほど集中力を必要としないことをします。

私の場合、休日の午後1時頃から午後5時頃までの時間帯は、全然勉強する気になりません。

勉強法 21

効果的な休憩方法とは?

脳に「勉強=痛み」と関連づけさせないためには、定期的に休憩をすることがとても重要です。

私の場合、30分間勉強して15分間の休憩を繰り返します。個人差があるので15分間勉強して、15分間休憩を取っても構いません。本格的に勉強の習慣をつけるのが初めての方は、15分間勉強して45分間休憩しても構いません。要は、比較的短い時間の勉強→休憩のサイクルを1セットとし、これを2~3セット繰り返せば、簡単に1~2時間の勉強はできます。つまり、**集中力がとぎれて勉強がイヤになる前に、勉強を(一時)中断する**のがコツです。

勉強＋休憩＝1セットをマイペースで!

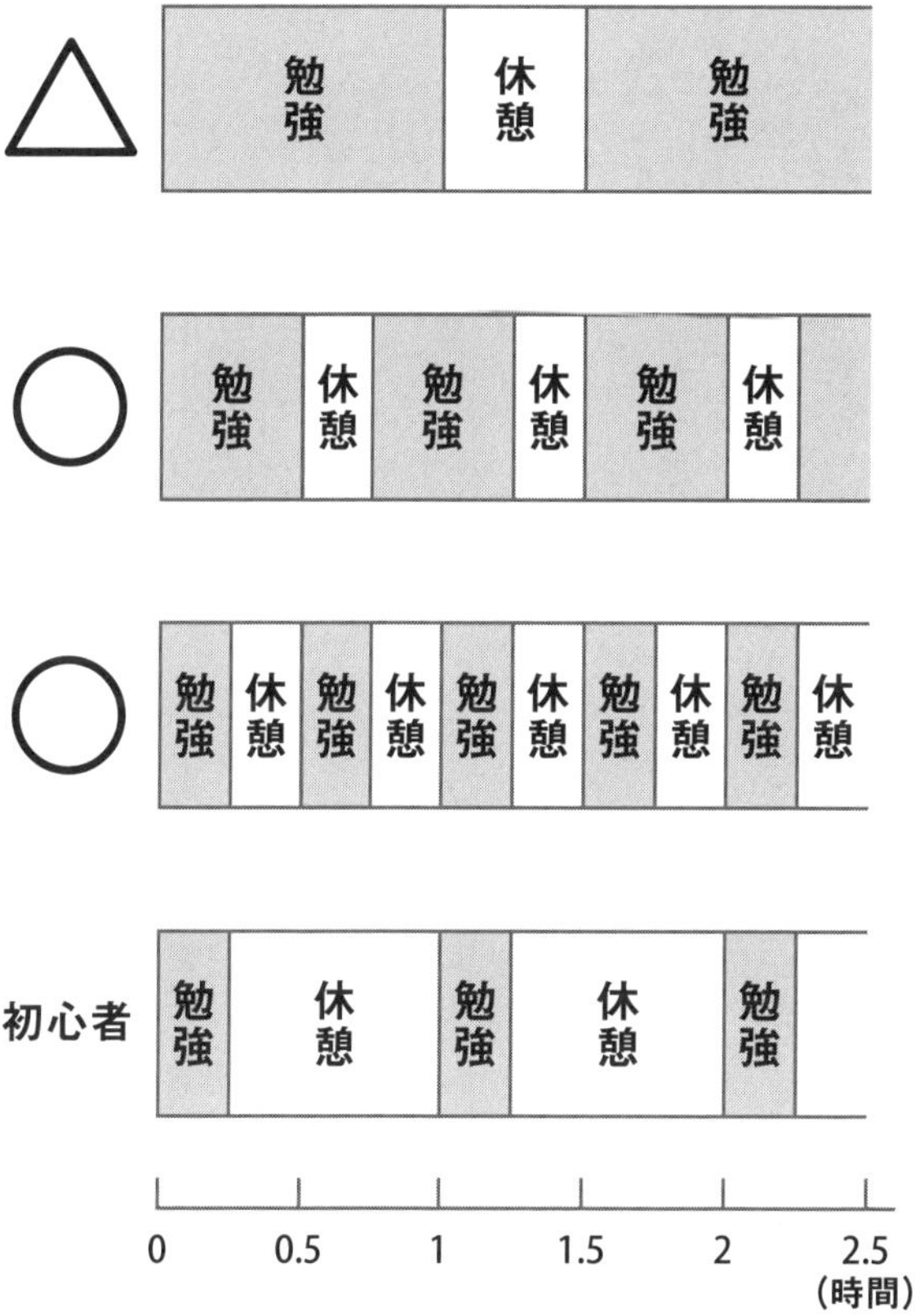

ここは非常に重要なので強調します。

勉強自体を嫌いになったのでは、何年もの長い期間コツコツ勉強を続けていくのは不可能になります。それをいかに避けて、集中力のあるときに一気に勉強し、嫌気がさしかけたらスパッと勉強を中止するか、これが勉強を続ける習慣を身につけるコツです。嫌気がさしてから休むのではなく、**その前に休む**のです。

どうして私がこれに気がついたのか？

大学の授業になると90分の講義が一般的です。ですから、当時私は、90分程度集中できるのが当たり前と思って、留学のために勉強をしていました。ところが、どうやっても30分以上集中して勉強することができないのです。最初は長時間集中できない自分にとても苛立ちました。

しかし、あるときふと考えました。「人間はそれほど長い時間、集中できないのではないか」と。そして、試行錯誤の末、これが正しいことがわかります。

1時間無理に勉強して、その後ぐったり疲れて30分休憩するよりも、「**30分勉強→15分休憩」を繰り返すほうが、勉強を再開したときの疲労度が少ない**ことがわかりました。加えて、「勉強＝痛み・嫌い」という感情がほとんどないのです。

理屈は簡単です。多少しんどい作業でも、15～30分だけだったら、続けることは可能です。これが、延々何時間も続くことを考えると、それだけで勉強する気がなくなってしまいます。

アルピニストの野口健氏が、「登山するときのコツは、頻繁に短い休憩を取ることだ」とテレビで言っていました。つまり、疲れる前に休んで長時間登山を続けられるようにする、というまったく同じ理由からです。

勉強法22 休憩時間の意外な使い方とは？

私は休憩時間に読みたい本を読むようにしています。「休憩の時間に読書をしたら、脳の休憩にならないのではないか？」と思う方もいるかもしれません。でも、勉強する科目が違えば、またはインプットする情報の種類が違えば、人間の脳は使う場所が違うようなのです。

簡単に説明すると、数学の勉強をして飽きた場合、数学の勉強に飽きたのであって、勉強自体に飽きたわけではありません。勉強する科目を切り替えて、こんどは理科の勉強をすれば、すんなり続けられるわけです。ある1つのことを勉強し、休憩時間に読書をするわけですから、私の勉強や読書の効率は飛躍的に上がりました。

ある兼業作家は、机を2つ持っているそうです。一方の机で小説を書き、それに行き詰まったら（飽きたら）、もう一方の机に向かい別の仕事をします。それに飽きたら、また最初の机に向かって小説の創作活動に戻ります。これは**インプットやアウトプットする情報の種類が違えば脳は疲れない**ことの証明です。

ですから、だまされたと思って休憩時間に未読本を15分程度読んでみてください。勉強の合間の休憩時間を有効活用すると、月に1～2冊の本はあっという間に読めます。これで「忙しくて本が読めない」という言い訳はなくなります。

私はアメリカ留学中には、休憩時間に日本から持って行った司馬遼太郎の本を読んでいました。英語漬けの生活のなかで、しばしホッとする時間が持てたのを覚えています。

勉強法 23

長時間勉強を続けるコツは？

前項を読めば、「勉強する科目を替えれば、人間は飽きることなく何時間も勉強を続けることができる」と解釈されてしまうかもしれません。しかし実際は、何時間も勉強を続けていると勉強自体に飽きてきます。私の経験から、勉強に飽きる原因には次の3つがあります。

1. 同じ科目を勉強することに飽きる
2. 同じ場所で勉強することに飽きる
3. これらの両方の理由で飽きる

「集中力が落ちてきたな」または「飽きてきたな」と感じ始めたら、**即刻勉強を中止してください。**

そのままイヤイヤ勉強を続けても、まず知識を吸収できません。その上、「勉強＝痛み」と脳が関連づける要因を作ることになり、勉強自体が嫌いになる可能性があります。その場合の対処法を伝授します。

「同じ科目を勉強することに飽きる」については、先ほど書いたように別の科目を勉強します。「同じ場所で勉強することに飽きる」、または「両方の理由」の場合、あなたが大きな家に住んでいるなら、違う部屋で勉強するのもひとつです。

私は喫茶店やファミリーレストラン、図書館などに行きます。300円程度の飲み物を注文し、耳栓をつけながら、そこで1時間程度勉強します。そうするとまた、その場所で勉強することに飽きてきます。そうしたら即刻勉強を中断して、また別の喫茶店やファミリーレストランに行きます。さらに、そこで1時間程度勉強します。こうすると1～2時間は簡単に勉強できます。

「またお金がかかるのか？」と思う方もいらっしゃるかもしれません。しかし、自宅でイヤイヤ効率の悪い勉強をしたり、勉強そのものを中断してしまうことよりも、300円程度の投資で勉強がはかどるなら安いものです。

この場合は、勉強をして何か新しい知識を吸収できたという成果のために、喫茶店やファミリーレストランにお金を払うのです。

脳科学的な観点から説明するとおそらく、「勉強に飽きる」というのは、脳からの重要なサインです。

人の体はよくできています。いくら大好物のケーキであっても、食べ過ぎれば血糖値が上がりすぎて、ある時点でもう食べたくなくなります。お風呂が好きでも、長い時間つかって体温が上がりすぎれば、お風呂から出たくなります。

まったく同じように、**勉強に飽きるということは、脳からの重要なサインに違いありません**。それは、「これ以上情報を詰め込んでも、脳が情報を整理できません。勉強を中断しなさい」ということです。ですから、脳からのサインには素直に耳を傾け、勉強に飽き始めたら、即刻勉強を一時中断するのが賢い勉強のやり方です。

勉強法
24

気分が乗らないときの対処法は?

長期間勉強を続けていると、どうしても「最近は勉強する気にならない」とか「気分が乗らない」という時期が来ます。これは誰にでも起こりますから、心配しないでください。私も留学の勉強中、休日に10時間も勉強することがしばらく続くと、さすがにある日突然「もう勉強したくない」とか「勉強する気にならない」と思うことがありました。

こうした状況になった場合、多くの人がイヤイヤ勉強を続けることになります。しかし、実際には集中できていないので、知識の吸収率は非常に悪くなります。

このような場合は、**思い切って2~3日まったく勉強に手をつけない**ことをおすすめします。そうすると、3~4日目には「最近勉強していないので、中期目標が達成できないぞ。まずい」という焦りの感情が起こりますから、そうしたらまた勉強を再開します。

振り子を想像してください。
現在あなたが一生懸命勉強していて、振り子が時計の9時の状態にあるとします。このような状態のときには、一気に振り子を3時の状態に振ります。つまり、勉強にはいっさい手をつけず、映画を見たり、おいしい食べ物を食べたりするのです。そうしてしばらく勉強から遠ざかっていると、きちんと勉強計画や目標を立てている人は、不思議ですが自然と勉強をする気になってくるものです。

つまり、振り子を3時の状態にして、勉強から遠ざかる環境を作ると、〈振り子の原理〉で、また勉強したいと思うようになり、9時の状態に戻ります。

ところが、多くの人が気分が乗らないときでも、勉強が遅れる不安から振り子を5時ぐらいの中途半端な状態にして休もうとします。ですが、いつまでたってもなかなか本格的に勉強を再開する気分になりません。そして、いざ本格的に勉強を再開するときが来ても、イヤイヤ勉強を始めることになります。これは私の経験からもよくわかります。

一方、振り子を3時の状態に一度振ると、心のどこかに勉強を中断して、勉強計画を遅らせた焦りがありますから、真摯《しんし》な気持ちで勉強を再開することができます。

気分が乗らない時は、思いきって勉強をやめよう!

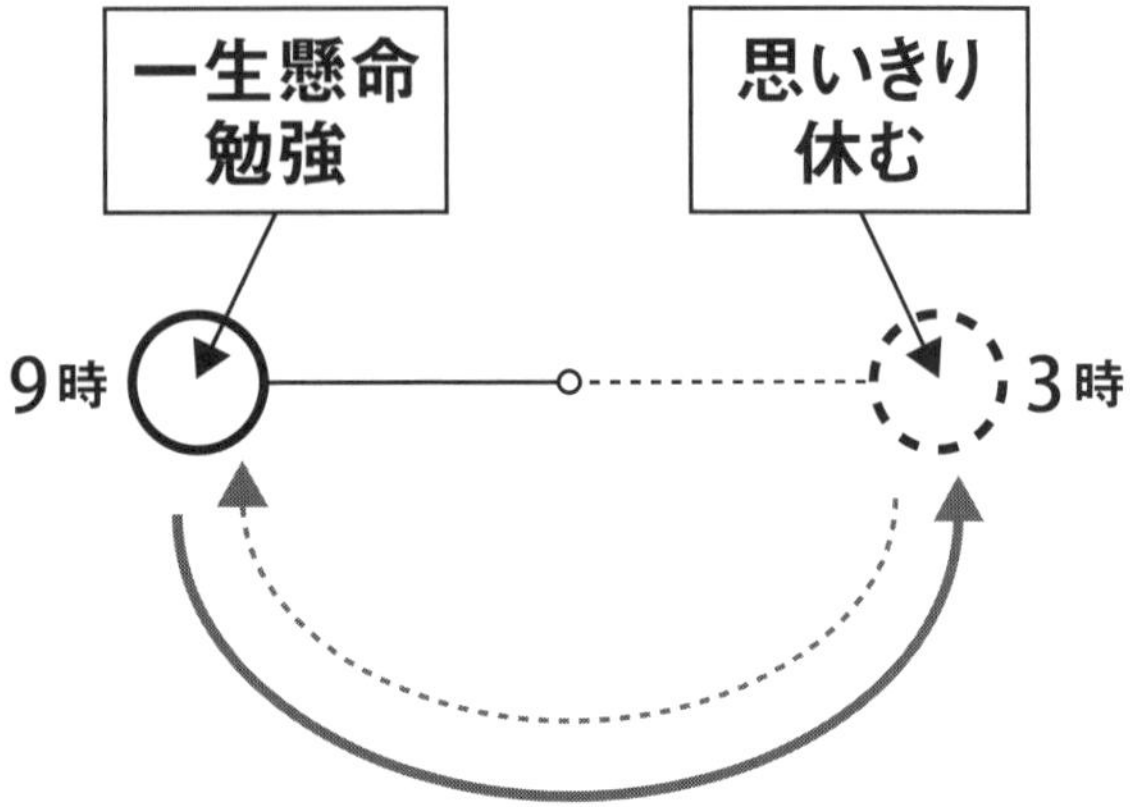

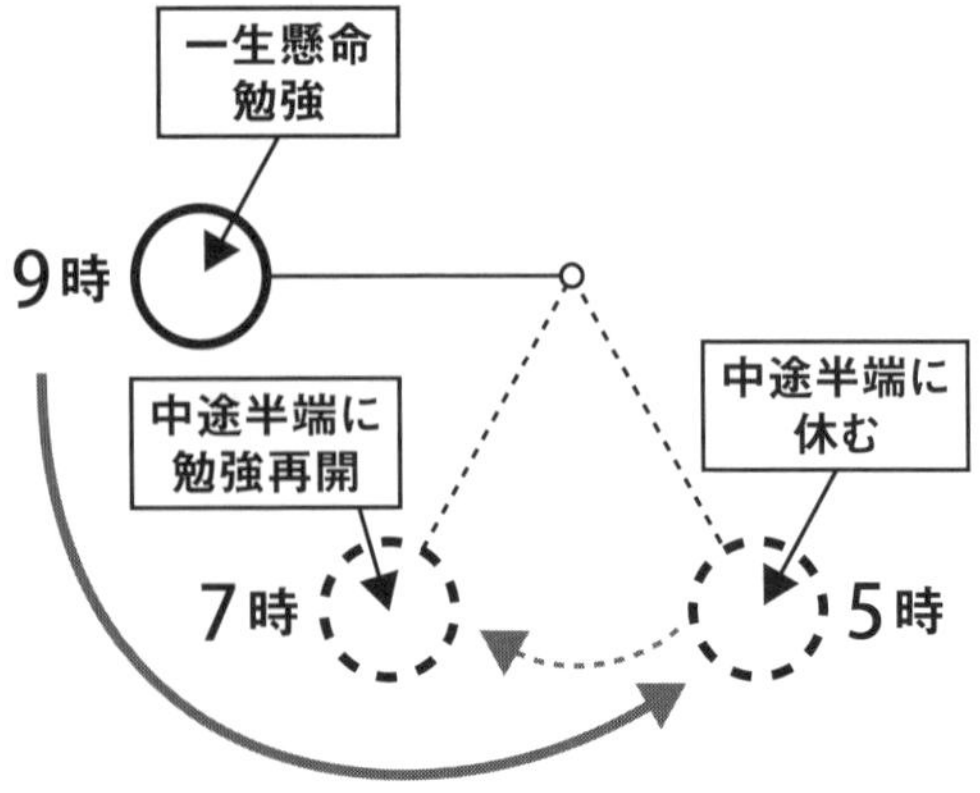

まとめ

■「短時間勉強（30分）──→休憩（15分）」のサイクルを1セットとして、2～3セット繰り返すのが基本。集中力がとぎれて勉強がイヤになる前に中断するのがコツ。

■長時間勉強を続けていて「集中力が落ちてきた」「飽きてきた」と感じ始めたら、即刻勉強を中止すること。

■長期間勉強を続けていて「最近は勉強する気にならない」「気分が乗らない」という時期がきたら、2～3日まったく勉強に手をつけないこと。計画や目標が明確な人は〈振り子の原理〉で自然とまた意欲が湧いてくる。

第4章 短期集中型・長期計画型の勉強法

勉強法
25

短期集中型勉強のコツは？

目前に迫った資格試験などの目的で、毎日少しずつではなく、短期集中型で勉強しなければいけない方もいるでしょう。私が再就職後、コンピュータの資格を2～3カ月以内に取得しなければならなかったような状況です。

この場合に大切なことは、切羽詰まってからではなく、**早め早めに勉強を始めること**です。例えば、12月に資格試験があると仮定しましょう。普通の人は、3カ月前の9月頃にならないと勉強を始めません。しかし、この心構え自体が不合格まっしぐらです。それで準備不足で不合格になると、資格対策勉強をさらに続けることになります。

ですから、早めに勉強を始めて、なおかつ1回で合格するほうが、トータルの対策勉強時間は少なくて済むのです。

短期間で結果を出さなければならない場合、毎日少しずつ勉強する方法は効果がありません。やはり、平日の勉強量を最低でも3時間以上、休日は8時間以上しないと、短期間でいい結果を出せないでしょう。短期集中型勉強のコツは、あなたの活動を対策勉強のみに集中します。

逆の言い方をすると、それ以外の活動は極力省きます。新聞を読むのは対策勉強と関係ないので省きます。同僚との飲み会も遠慮します。当然、テレビは絶対に見ません。その節約できた時間をすべて対策勉強に集中するのです。

たまには息抜きも必要ですが、これくらい勉強しないと短期間で望む結果を出すのは難しいのです。

いままで説明してきたやり方で、通勤時間や休日などにも効率よく勉強をしてください。当然、しんどいときもあります。しかし、世間で評判の高い資格に「簡単に取得できる資格」ってありますか。逆に難しいからこそ、それを取得したときに、価値や喜びがあるのではありませんか?

勉強法
26

短期集中型に変更して失敗する理由とは?

私は仕事柄、社会人の留学予定者向けに留学戦略コンサルティングをしています。たまに、こういう人がいます。

私の「留学の調査、対策勉強は早めに始めてください」というアドバイスに対して、「いや、私は切羽詰まったほうが集中して勉強ができるのです」という回答が返ってきます。このような回答を聞くたびに、「この人は留学はできても、留学に失敗するタイプだな」と思います。

この手のタイプは、留学を完全に日本の大学受験か何かと勘違いをしています。仮に、TOEFLなどの試験で目標スコアをクリアして合格通知をもらったとしても、英会話などの実務スキルの英語力は、いつ身につけるのでしょうか?

ここで私が言いたいポイントはこういうことです。

先ほど、勉強の成果に一番大切な要素は時間だと書きました。それなのに、この手のタイプは、わざわざ貴重な時間を無駄にしようとしています。「切羽詰まったほうが集中できる」と。なぜ、時間を味方につけようとはしないのでしょうか？

別の言い方をすると、どうせ同じ対策勉強をするならば、どうして早めに始めて成功する確率を上げようとしないのか不思議でなりません。

先ほども書いたとおり、準備不足で不合格になると、対策勉強が予想以上に長期化したり、留学実現の期日が数年先送りになったりしてしまいます。最悪の場合、資格取得や留学自体が実現不可能になってしまいます。結局、不利益を被るのは自分なのです。

短期集中型勉強と後ほど説明する長期計画型勉強を比べると、勉強期間中のしんどさという意味では、短期集中型勉強のほうが当然、体力的にも辛い勉強を強いられます。睡眠時間を削る必要に迫られることもあります。

ですから、比較的時間があり長期計画型勉強で対処できる場合は、早めに準備を始めて、合格率を上げるようにしてください。時間があるにもかかわらず、直前まで手をつけずに短期集中型勉強にすると合格する確率が下がりますから、おすすめしません。

勉強法 27
私の留学を成功させた長期計画型勉強法とは？

長期計画型勉強の方法は、短期集中型勉強のそれとは違います。短期集中型の場合、時間が限られているので、どうしても1日の勉強時間を可能な限り多くせざるを得ません。当然、精神的・肉体的にしんどいときがあります。

一方、長期計画型の場合、**「1日の勉強量にしては少ないかな」というくらいの勉強量に抑え、これをほぼ毎日続けるのがコツ**です。

これは、私の実体験から会得したことです。

留学の勉強を始めた当初は、「30歳までに留学を実現したい」と焦っていましたから、どうしても1日の勉強量が多くなってしまいました。しかし、詰め込み勉強が4

〜5日続くと、睡眠不足なども影響し、その後2〜3日は、全然勉強する気がなくなってしまったのです。これが何度も続くと、勉強がはかどっていない現実を知って落ち込んだものです。

この失敗を何度も繰り返したあるとき、ふと気がつきました。「1日の勉強量を少なくして毎日続けるほうが効率的ではないか」と。そして、単純な計算をしてみました。

平日、毎日4時間勉強をしたとします。これを週4日続けた後、疲れ果ててその後3日間まったく勉強をしないとすると、週に16時間の勉強時間です。

一方、1日の勉強時間を1時間減の3時間にして、週6日勉強すると18時間、週7日勉強すると21時間になります。

自分に精神的かつ肉体的に負担がかからない程度で、コツコツ毎日勉強を続けるほうが、結果的には勉強の蓄積量が増えることがわかりました。それからは、毎日の勉強時間を少し減らして負担がかからない程度にする一方、なるべく継続的に勉強をするようにしました。
要は勉強時間の平準化です。そして、後ほど説明しますが、勉強のスケジュールも自分にやさしいスケジュールに変更しました。

先ほど、長期計画型勉強に変更できる時間的余裕があれば、短期集中型勉強にしないほうが得策だということを書きました。
長期計画型勉強は、このように毎日の勉強量を少なくすることで、日々の負担を少なくしつつ、長期的に勉強を続けることで、合格や目標達成の確率を上げる効率のよい勉強法なのです。

ちなみに、私がまとめて執筆活動をするのはまれです。長期計画型勉強法を執筆活動にも応用し、毎日1ページ分だけ原稿を書くように心がけています。毎日たった1ページですが、年間250日続ければ250ページ分の原稿が書けます。私はこのような方法で、今日も原稿やブログを書き続けています。

勉強法
28

勉強中に避けられない感情とは？

多くの人が、この感情に耐えられなくて、数カ月〜数年におよぶ勉強を続けることができません。その感情とは？

孤独感です。勉強は通常、1人になって集中して行います。仲間と楽しく勉強することもあるでしょうが、これは非常にまれで大抵は1人で行います。そうしないと集中して知識を吸収できないからです。

勉強に限らず、創作活動も1人になって集中して行わないといい作品ができません。作家の司馬遼太郎や芸術家のパブロ・ピカソが、友達とわいわいしゃべりながら創作活動をしていたはずがありません。

短期集中型や長期計画型で勉強するときには、必然的に1人になる時間が多くなるために、この感情はある程度避けられません。周囲に応援してくれる人がいたとしても、勉強中は孤独なものです。ですから、あなたが何か大きな目標を持って勉強をし始めていれば、この感情をある程度感じることは、はじめから知っておいたほうがいいでしょう。

私も経験しました。留学のために勉強を続けた4年間もしかり、留学時代の3年間もしかりです。面白いもので、勉強に集中しているときには感じませんが、勉強前後の休憩時間などのフッと気が抜けたときに感じるものです。

対策としては、あなたが勉強する理由を明確にし、目標をきちんと設定することです。資格取得や留学などの目標をしっかり持っているのであれば、歯を食いしばって、この感情とうまくつき合うことができます。

冷たい言い方かもしれませんが、この感情がどうしてもイヤならば、勉強しないで友達と遊べばいいのです。**誰も、学校を卒業したあなたに「勉強してください」とお願いしていません。**あくまでも自主的に勉強しているわけですから。

まとめ

■短期間で結果を出すときは、切羽詰まってからではなく、早めに勉強を始めること。

■その期間は、対策勉強のみに集中した活動をすること。対策勉強と関係ない活動は極力省く。平日3時間以上、休日8時間以上の勉強が必要。

■長期計画型の場合、「1日の量としては少ないかな」くらいの勉強量に抑えて、これをほぼ毎日続けることがコツ。結果的には勉強の蓄積量が増える。

■勉強中は孤独なもの。孤独に耐えるには、勉強する目的をきちんと設定すること。

実践者の声②

私はある資格試験を目指しており（勤めながらですが）、2カ月ほどは猛烈に勉強するものの、一度転倒すると起きあがれず、不合格を繰り返しています。それでもさすがに知識が蓄積されてきて、成績は少しずつ上がっていますが自慢にもなりません。

私は資格受験に関する「勉強本」を何冊も読みました。「強い意識を持って勉強を持続せよ」「動機づけを明確に」とは書いてあるものの、実践してみようとしてもなぜかうまくいきません。参考になることも多いのですが、何か大切なものが抜け落ちているような気がしていました。

そこで『負け犬にならないための勉強法』を読んでみたらスポッと抜けていた部分にはまりました。「今日やるべきことを書き出して見えるところに置く」とか、「三日坊主は悪くない。5日目に勉強しないことがいけない」とか、具体的に書いてあるんですよね。それも勉強の習慣がない人を前提とした記述で、助かりました。

考えてみれば、私が読んでいた本は「勉強の習慣が既についている人」が前提になっていました。ある程度万人向けの「勉強を習慣化させていく方法論」が抜け落ちていました。しかし『負け犬にならないための勉強法』では「習慣のない人は転倒するのが当たり前で、それが即勉強中断にならないように、まずは小さな事から大きな事へ」という記述が大変参考になりました。私の最大の疑問は「どうすれば勉強を習慣化できるか」でしたから。

やはり頭のよさなど関係なく、勉強を習慣化、日ごとに目標を決めてコツコツこなしていく、これが一番大事だったのです。これを教えてくれる人が、いままでただの一人もいなかったのです。あってもすごく抽象的で参考になりませんでした。一気に何でもやろうとするとまた転倒してしまいますから毎日少しずつ進んで行こうと思います。（一部抜粋）

愛知　Wさん

第5章 本気の人のための英語勉強法

勉強法
29

英語の勉強は続けているけれど……？

勉強を続けている人のなかには、英語の学習を続けている人も多いでしょう。特に最近は海外企業との合併や提携が多いため、英語の需要は増すばかりです。しかし、厳しい現実として、英語の勉強を長年続けている人の大半が、自分が望む英語力を身につけられずに悩んでいます。

私もあなたと同じように英語の学習で非常に困った経験があります。日本では、TOEFL試験で高得点を取得していたにもかかわらず、留学のためにアメリカに渡ったときには、自分の英語力のなさをイヤというほど思い知らされました。

テレビドラマやニュースを見ても、半分程度しか内容が理解できない。英語で話しかけても、相手に通じない。英字新聞を読んでも、内容がいま一つ理解できない……。

このような苦い経験を重ねて、いままでのTOEFLなどの英語試験のための勉強から、実践で使える英語を習得するための勉強に切り替えました。

その結果、テレビドラマやニュースはほとんど理解できるようになりましたし、英語でほぼ100％会話が成立するようになりました。多少専門的な知識を必要とする英字経済誌もストレスなく読めるようになりました。

そして、帰国後初めて受けたTOEICでは、980点を取得しました。現在では、英語学校を経営し、英語の発音が教えられる数少ない日本人の1人になっています。

詳しくは、『英会話学校に行かない人ほど、うまくなる』（ダイヤモンド社）と『英語でチャンスをつかみなさい！』（アスコム）を参照していただきたいのですが、この章では簡単に、

1. 英語が習得できない原因

2. その解決策

をアドバイスしたいと思います。

勉強法30

なぜ英語が習得できないのか？その1

英語の勉強の質がずれているのです。

英語の勉強といってもさまざまな分野がありますが、通常は「英語の勉強＝英会話」でしょう。しかし、「続けて英会話を勉強しているつもりなのに、なかなか英会話がうまくできない」という方が大半だと思います。その大きな原因の1つに、**勉強の質がずれている**ことが挙げられます。

勉強の質の違いを説明するときに、私はいつも魚釣りを例え話に使います。

あなたが魚釣りをしていることを想像してください。釣りの際に気をつけなければならないのは、狙いの魚が生息している「棚」です。棚とは、その日魚が生息している水深のことです。魚は快適な水温のところを泳ぐために、日によって泳いでいる水深が違います。

例えば、その日の外気温が低ければ水温も下がるため、水温が高い水面近くの深さ1メートル±25センチくらいのところを泳ぐ魚がいるとします。この魚が泳いでいる幅約50センチの生息域を「棚」と呼びます。この魚は、もしも、その日の外気温が高ければ水温も上がるため、今度は深さ3メートル±25センチのところを泳ぎます。

ですから、その日狙いの魚が水深3メートルの棚にいるのに、水深1メートルのところにエサを垂らしても絶対に釣れないわけです。魚がいないのではなくて、エサを垂らす棚がずれているから釣れません。

同じように、大半の英語学習者が、この魚釣りのように勉強する棚がずれています。「いくら英会話を勉強しても身につかない」のではなくて、必要な英語の勉強の質がずれているのが身につかない原因の1つです。

高校や大学受験のための英語、またはTOEIC・TOEFL・英検受験のための英語は、比較的レベルの高い英語なのです。簡単にいうと、小難しい英語です。例えば、abandon＝「捨てる」や postpone＝「延期する」というように。

一方、ネイティブの人たちが日常会話で使っている英語は、**ずっとやさしい英語**なのです。be動詞、take、get、make などの簡単な単語を組み合わせたフレーズを使って会話をします。

英単語や熟語を暗記しても、英文法の勉強をやり直しても、全然英会話ができるようにならない。TOEIC・TOEFL・英検で高得点を取得しても、現場で満足に英語が使えない。当然です。勉強の質が完全にずれているのですから。

ネイティブはそんな小難しい表現や回りくどい言い方、難しい単語はほとんど使っていません。英語学習者の大半が、彼らが使わない英語を勉強しているのです。

私の場合も同じでした。TOEFLの点数はいいのに、自分の英語が現地で通用しないのです。

私はしばらくしてこれに気づき、**英語の勉強の質を変えました**。特に初心者には、質の違いの意味自体がわからないかもしれません。なぜなら、この質の違いは、自分

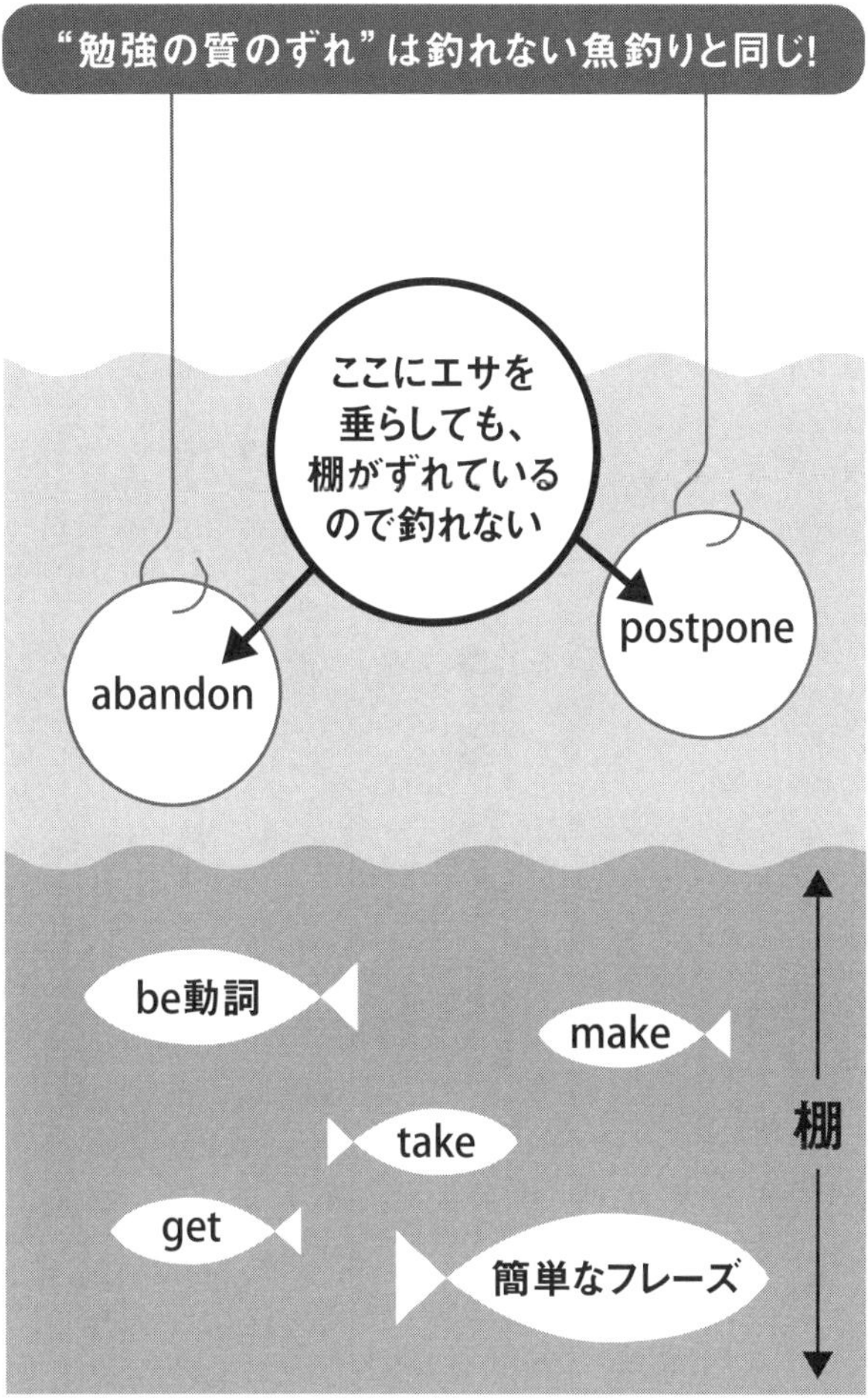
“勉強の質のずれ”は釣れない魚釣りと同じ!
ここにエサを
垂らしても、
棚がずれている
ので釣れない
abandon
postpone
be動詞
make
take
get
簡単なフレーズ
棚

の英語のレベルが上がって初めて見分けがつくからです。

目利きと同じです。例えば、ワインの味の良し悪しは、ある程度ワインを飲んで舌が肥えた人でなければ違いがわかりません。

私はおそらく、読者の大半よりも長時間英語を勉強していますから、どのレベルの英語学習者が、どのような質の英語学習をすれば、一番成果が上がるのかがよくわかります。ところが、初心者・中級者の大半には、これがわからないので、いくら英語学習を続けても思ったような成果が上がりません。

勉強法 31

なぜ英語が習得できないのか？ その2

勉強量が圧倒的に足りないのです。

「マンツーマンの英会話スクールに1年間通っていましたが、英会話が上手になりませんでした」と私のところに相談に来る人が多いです。でも、話をよく聞くとマンツーマンであろうと、ネイティブの講師であろうと、高額の受講料のスクールであろうと、上達しなかった理由は明らかです。それは、本人の**英語の勉強量が圧倒的に足りない**のが原因です。

「そのスクールではどのくらいのペースで英会話を勉強したのですか?」と私が聞くと、通常「週1回40分です」と答えます。「その英会話スクール以外に英会話の勉強をしましたか?」と聞くと、ほぼ全員「していません」と答えます。これくらいの勉強量で、英会話ができるようになると考えること自体が間違っています。なぜなら、英語の勉強をほとんどしていないわけですから。

実際に計算してみましょう。

週1回40分のペースで1年間(52週)勉強すると、どのくらい英語の勉強をしていると思いますか?

答え:**たった34時間**。

この程度の勉強量で英会話を上達させようとすること自体が、到底不可能な話だと思いませんか?

失礼な言い方かもしれませんが、年間たった34時間程度のインプット量では勉強とは呼べません。ただのお遊びです。私の数多い英語学習相談の経験から、「英語を勉強している」と自称する人たちの約８割は、お遊び英語学習者です。本気で英語の勉強をしているのではなく、１つのファッションとして英語に触れています。

後ほど詳しく書きますが、１～３年という比較的短期間に成果を出したければ、最低年間７５０時間は勉強する必要があります。

勉強法 32
本気の人のための英語勉強法とは？

〈会話編〉

勉強の質を間違えないために、英会話については、ネイティブが多用する**フレーズを丸暗記する**ことを強くおすすめします。

暗記というと、否定的にとらえる人も多いでしょう。しかし、基本的なフレーズを会得していなければ、英語での会話の成立は不可能です。

会話が不得意な人の原因は決まっています。

それは自分で言いたいことを頭のなかで日本語→英語と英訳し、聞き取ったことを英語→日本語と和訳しています。つまり、たった数秒という短い時間の会話のなかで、翻訳の作業を頭のなかで繰り返しているのです。こんなことをしていたら、とても**会話のスピードについていけません**。

この解決策は、頻繁に使われる基本フレーズの暗記しかありません。

基本フレーズを暗記していれば、表現したいフレーズが、日本語→英語という英訳作業なしにスッと出てきます。一度フレーズを覚えれば、あとは応用です。

例えば、「私はそれとは関係ない」というフレーズをI have nothing to do with it.と暗記していれば、I have nothing to do with ～までは会得していますから、ここまでスッと出てきます。

ですから、「私はその事故とは関係ない」と言いたいときは、最後のitをthe accidentに変更するだけです。だから、I have nothing to do with the accident.と瞬時にフレーズが出てきます。

一方、この基本フレーズを暗記していない初心者はどうするか？

1.「私はその事故とは関係ない」という日本文を頭に思い浮かべる
2. 相当する単語を思い浮かべる
3. フレーズの構文を考える
4. 英語で言う

という面倒な作業をしなければいけません。

ですから、単語と構文を頭のなかで一生懸命考えながら口にするまでに4〜5秒もかかり、最悪の場合は言いたいことを英語で表現できません。

では、ネイティブが多用するフレーズはどこで見聞きすることができるか？　それは、ホームコメディと呼ばれるテレビドラマシリーズです。私が英会話を習得したのは、留学中にこのテレビドラマを見て、彼らが多用する基本フレーズを徹底的に会得したからです。

基本フレーズさえ暗記していれば応用ができる!

●フレーズを覚えている人

「私はそれとは関係ない」
I have nothing to do with it .

↓

「私はその事故とは関係ない」
I have nothing to do with the accident .

●フレーズを覚えていない人

日本語 → 「私はそれとは関係ない」

単語 → I … the accident …

構文 → S+V+O? S+V+C?

英語 → ?

例えば、She's really into it. って、どういう意味かわかりますか？　これは、「彼女はそれに夢中」という意味です。

このように英会話でつまずく大きな原因は、フレーズを聞き取ったときに、単語も文法も簡単なのに、意味が把握できないというフレーズがたくさん登場するためです。これが、勉強の棚、つまり勉強の質がずれている証拠なのです。

大学受験やＴＯＥＩＣ・ＴＯＥＦＬ・英検対策などレベルの高い勉強ばかりしていると、このようなフレーズにはほとんど対応できません。当然、会得していなければ、これらのフレーズは口から出てきません。日本ではアメリカのテレビドラマシリーズがＤＶＤで提供されており、私は『フレンズ』をおすすめしています。これは、ニューヨークに住む若い男女６人が繰り広げるコメディードラマで、アメリカで大ヒットしました。もっと初心者向けのテレビドラマであれば、『フルハウス』がおすすめです。子育てに関するドラマなので子どもが登場する関係上、比較的やさしい会話を使っています。

慣れてきたら、ひとりごとをなるべく英語で口にしてみましょう。会得したフレーズを使いながら、目に見えることをアナウンサーが実況中継するように英語でしゃべってみましょう。私は、これを「実況中継スピーキング」と呼んでいます。

この本を読んでくださっている大半がビジネスパーソンでしょう。その多くが、「私に必要なのは家庭で使われる日常英会話ではなく、ビジネス英会話だ」と必ず主張します。

他の本でも書きましたが、ビジネス英会話では多少専門用語が使われる以外に、日常英会話との違いはないのです。これがいまだに、一般的に認識されていません。

そこで質問ですが、日本語では日常日本語会話とビジネス日本語会話という次元の違う2種類の日本語会話が存在するのですか？　ビジネスの経験がない新卒の社員は、ビジネス日本語会話を使ったことがないから、初めてのビジネスの現場で日本語がうまくできませんか？　ありえない……。

さらに、先日、ビジネス英語に強いことをアピールしている某有名英会話スクールで、無料体験レッスンをしてもらったときのことです。私がイギリス人講師に「ビジネス英会話っていうけれど、専門用語を多少使う以外には、日常英会話と全然変わらないでしょう？」と言ったら、「シーッ」と声を落とすようにジェスチャーした後、

「ほとんどの日本人がこのことを知らない」と本音をポロリ。

〈リスニング編〉

○基本フレーズの暗記

先ほどおすすめした基本フレーズの暗記が、リスニングにも非常に役に立ちます。

例を挙げましょう。

1. 基本フレーズを会得している中級者
2. 英会話の初心者

が同じ10フレーズ（合計70単語）の英会話を15秒でリスニングすると仮定しましょう。

つまり、1フレーズ1・5秒で内容を把握しなければなりません。

この中級者は、多くの基本フレーズを会得しているので、会得済みの7フレーズを簡単に聞き取れました。会得しているフレーズは頭のなかで英語→日本語という和訳作業なしに**英語のままスッと理解できます**から、残りの3フレーズだけに集中してリスニングすれば会話の内容を簡単に把握できます。

一方、初心者は基本フレーズを会得していないので、この1フレーズ・平均7単語をたった1・5秒程度の短い時間で、頭のなかで素早く英語→日本語という和訳作業をしながら内容を把握しなければいけません。その上、1単語も聞き逃せないと信じて、一字一句リスニングしようとします。

さて、この初心者は内容を把握できるでしょうか？

答え：ほとんど不可能です。

ですから、先ほどと同じように、DVDのテレビドラマシリーズを大量に見て、基本フレーズの暗記量をとにかく増やすことを強くおすすめします。

○リスニング&シーイング

私は、「リスニング&シーイング（登録商標）」を提案しています。簡単に説明すると、英語の音を聞くだけのリスニング学習は、特に初心者にとっては難しい学習方法です。そして、これが挫折の大きな原因になっています。

ですから私は、テレビドラマを見ながら聞くリスニング&シーイングをしながらリスニング学習することを強くおすすめします。

DVDでは英語の字幕を表示することができます。この字幕を表示した状態で、ドラマを見ながらリスニング学習をするのです。そうすると、聞き取れないフレーズがあったとしても、字幕を見れば視覚的に聞き取れなかったフレーズのチェックができます。私がアメリカ留学中にリスニング力を向上できた要因の1つは、このリスニング&シーイングを徹底的に実践し続けたからです。

○発音の習得

自分で発音できない音は聞き取れない。

これは本当なのです。アメリカに渡ったときにテレビのニュースが半分程度しか理解できなかったことは先ほどお話ししました。実は、アメリカで私が発音のクラスを履修するきっかけになったのは、英作文の教授に馬鹿にされたことがきっかけです。授業中に指された際に答えたら、「お前の英語は何を言っているのかさっぱりわからない」と。日本語訛《なま》りの強い英語でしゃべっていたので、相手に通じなかったのです。

このような苦い経験の後、発音のクラスを受講したらビックリしました。なぜなら、いままでうまく聞き取れなかったテレビ番組やニュースが**ガンガン聞き取れるではないですか！**


正しい英語の発音ができるようになれば、英語の音を聞き分けるのは非常に簡単になります。

その証拠に、私の提供する英語発音コースでは、受講者が15分以内に日本人にとって紛らわしい音を聞き分けられるようになります。これは、リスニング力が上達したからではなく、正しい発音ができるようになったからです。単語レベルで音の聞き分けができるようになれば、文脈で間違えるようなことはありません。

例えば、選挙の話をしているときに、vote と言えば投票や投票権のことしかありません。選挙の話で、vote と混同しやすい boat（小舟）の話はしません。

ですから、リスニングが苦手な英語学習者がしなければならないのは、さらに**リスニングを学習することではなく、発音の勉強なのです。**

○音の調整

リスニングが上達しないもう1つの理由は、英語の音の調整を理解していないからです。

音の調整とは何か？　例を挙げて説明します。

I met her last night. というフレーズの場合、リスニングを学習している方の大半が、ネイティブが同フレーズをしゃべっている音を聞かせると、「何度繰り返し聞いても、聞き取れない」と落胆します。

しかし、聞き取れないのは当然なのです。なぜなら、**一字一句クリアにしゃべっておらず**、her のh音と last の t音が発音されていません。ですから、実際には I met er las night. と聞こえるために、慣れていないと元のフレーズが想像もつきません。

この例のように、英語には、

●代名詞や前置詞の強形・弱形

●同化

●結合

●脱落

という音の調整がたくさんあります。そして、それぞれの音の調整には数個から30個近い種類があります。

実は、日本語にも音の調整が存在します。例えば、数《かず》を数える場合、「いち、に、さん……」と数えます。本数のときは、「ほん」をつけるのが通常です。ところが、鉛筆を数える場合、私たちは「いっぽん、にほん、さんぼん」と音を調整して日本語を発しています。

これとまったく同じ音の調整が、英語でも存在するのです。

ネイティブは、１００％音を調整して話しています。ですから、音の調整を理解しないで、英語のリスニング力をアップさせようとしても無理があるのです。

リスニング学習を長く続けても、英語の音の調整を理解していないと、リスニング力の向上は難しいのです。逆に言うと、**音の調整を学習するとリスニング力が飛躍的に向上する**ので、機会があれば音の調整を学習することも強くおすすめします。

〈リーディング編〉

英文リーディングに求められるスキルが、ここ10年で大きく変わったのをご存じですか？　しかし、これを認識している人はまだ少ないようです。リーディングに求められるスキルが変われば、勉強の質もそれに応じて変更しなければなりません。

21世紀の英文リーディングで求められるスキルとは？

それは、**平易な英文を素早く読解するスキル**です。つまり「やさしい文章を素早く」です。

ところが、いまだに多くの英語学習者が、大学受験英語で求められるようなリーディングスキルしか身につけていません。それは、難しい文章を時間をかけて読解するスキルです。つまり「難しい文章をゆっくり」です。

一部の例外を除けば、大衆が読む文章はやさしく書かれています。理由は簡単です。難しく書けば、読解できる人が限られるからです。しかも、インターネットの普及が大きく影響して、アクセスできる英文の量が飛躍的に増えました。

このような環境で求められるリーディングスキルは、大量の平易な英文のなかから素早く自分に必要な文章を見つけ出し、重要な部分だけを精読するスキルです。難解な文章を読解・和訳させる大学受験英語が、いかにピントが外れていることか！

速読英文リーディングを身につけるには、実際に英文を読んで向上させるしか方法はありません。ですから、私のクラスでは1時間半ひたすら英字新聞を読ませています。工夫のない勉強法と思われがちですが、その効果はてきめんです。読み始めの頃は辞書を引きながらでも、ほとんど英字新聞の内容を把握できなかった受講者が、3カ月も経つと見違えるほどスラスラ読んでいます。

小説でも英字新聞でも構いません。ご自身の興味がある分野や仕事関係の分野の英文を毎日30分程度は読むように心がけてください。これを続ければ、半年から1年もすればスラスラ読めるようになります。

その際、心がけることは、とにかく早く読むようにすることです。逆に言うと、あまり重要ではない箇所は自信をもって読み飛ばすことができるようになるまで、リーディングスキルを上達させる必要があります。

〈ライティング編〉

英作文能力を上達させるには、実際に英文を書いて、指導者に添削してもらうしかありません。

「現在、英文でメールを書く機会があり、問題ないので添削は不要」という方もいらっしゃるかもしれません。しかし、問題は、自分の英文が相手に対して失礼な文になっている場合や、自分が表現したいことの半分くらいしか相手に伝わっていないことがあるという認識がほとんどないことが多いのです。

仕事柄、ビジネスパーソンを中心に多くの方の英作文を添削しています。2回、3回と英作文の作成→添削→添削された箇所のチェックを繰り返すと英作文能力がメキメキ上達し、4回目を提出した頃に1回目に提出した自分の英作文を見ると、ほとんどの受講者が初回の英作文の質の低さにビックリします。

英作文を書く際のコツは、見栄えのいい文章を書くことではなく、自分の意図がきちんと読み手に伝わるように注意を払って書くことです。

勉強法
33

本気の人が目標とすべき年間英語勉強量は？

先ほども書いたように、私は自分の英語習得の経験から、英語を習得できない大きな原因の1つが、勉強の絶対量が圧倒的に足りないことであるのを知っています。ですから、私の英語学校の受講者には、勉強の絶対量を増やす仕組みを作っています。

他の英会話学校の勉強量を圧倒的に凌駕《りょうが》する方法で勉強してもらっているので、成果がまったく違うのです。

受講者の望む英語力のレベルとそのレベルに到達するまでの期間にもよりますが、大半の受講者には平日2時間から3時間、休日には3時間程度英語の勉強をしないとこなせない大量の宿題を出しています。

これくらいのペースだと、週に1回教室内で1時間半、さらに教室外で週に15時間から20時間英語の勉強をすることになります。留学予定者にはさらに多く、平日には3時間、休日には10時間前後勉強するように指導しているので、週に35時間前後は勉強漬けにします。

週20時間のペースで1年間に52週勉強するとして年間1040時間、週35時間のペースだと年間で1820時間になります。週1回40分だけ英会話学校で勉強する一般的な英語学習者の**30倍から50倍の勉強量**です。

年間34時間ほどしか勉強しないグループと私の受講者のように1000時間以上勉強するグループでは、どちらが英語の上達が早いかは、説明するまでもありません。当然、私の受講者の圧勝です！

年間34時間程度しか英語の勉強をしない人でも多少はできるようになるでしょう。でも、1000時間英語を勉強するまでに30年かかるので、英語ができる頃には20代の人は50代に、30代の人は60代になっています。

ですから、1～3年という比較的短い期間で英語の成果を出したいと思ったら、年間1000時間、最低750時間は勉強しなければ、いつまでたっても英語はできるようになりません。習い事でも同じですが、最低1000時間は練習を積まないと全然モノにならないのです。

英語の指導者が、学習者に手助けしてあげられることは非常に限られています。週1回1~2時間の指導で何ができるというのでしょうか。指導者ができることは、勉強の方向性の修正と簡単な解説・チェック程度しかないのです。結局は、**自分で一生懸命勉強するしか方法はない**のです。

第1章の『勉強法6　勝つための勉強戦略とは?』で説明したとおり、教材・サービスの質が2割、勉強量が8割で、英語学習の成果も決まると考えて間違いありません。

「英会話学校に通えば、英会話学校が何とかしてくれる」と思うのは、大きな勘違い。これは、巷に氾濫《はんらん》する英会話学校に通ったけれど、英会話ができない人たちが証明しています。

要は、英会話学校の教室外でどれだけ英語の勉強量を増やせるかが、成果の大きな分かれ目になります。だから、私は宿題を大量に出すのです。

「年間に750~1000時間も勉強か!?」と感じたかもしれません。「英語の習得をしない」と決めたらキッパリあきらめる。「英語を習得する」と決めたら、年間このくらいは勉強して比較的短期間に達成する。

しかし、大半の英語学習者が、この中間を行きます。つまり、英語の勉強はしないわけではないけれど、かといって本気で勉強をするわけでもない。要は、中途半端。実はこれが金銭的・時間的・労力的に、**一番損をする英語の勉強の仕方**です。

結局、英語を上達させる方法とは、車のドライブに例えると、

1. 行き先を決める（目標の英語力を決める）
2. ルートを決める（勉強の仕方や質を決める）
3. アクセルを踏む（日々勉強を続ける）

これしかないのです。ちなみに、私の英語学校では受講開始前に、「本気で英語を習得する気はあるのですか？　大変ですよ。1週間に20時間前後勉強してもらいます」とちょっと脅して、見込み受講者をスクリーニングします。これをパスしない人は、受講はお断りしています。

なぜなら、自分で勉強する覚悟がない人は絶対に成果が出ないからです。

まとめ

■英語（英会話）がなかなか習得できないのは、必要な勉強の質がずれているから。ネイティブは、試験に出るような、小難しい表現や回りくどい言い方、難しい単語はほとんど使わない。

■英会話学校に通っても英会話がなかなか上達しないのは、勉強量が圧倒的に少ないから。

■英会話の上達には、ネイティブが多用するフレーズを丸暗記することがおすすめ。

■リスニングの上達には、基本フレーズの暗記、リスニング&シーイング、正しい発音の習得、音の調整の知識が必要。

■リーディングの上達には、英文を毎日30分程度、素早く読むことを続けるといい。

■英作文の上達には、実際に英文を書いて指導者に添削してもらうしかない。

■英語をモノにするための目標とすべき年間英語勉強量は1000時間。最低でも750時間は必要。

第6章 勉強を成功させるための目標設定方法

勉強法
34

目標の設定方法とは？

私が社会人になってから留学の夢を実現できたのは、きちんと目標を設定して、勉強を続けていたからといっても過言ではありません。

当時は、後ほど説明する手帳は使っていませんでしたが、ノートに目標を書き出して、勉強のスケジュール表を作っていました。例えば、留学達成の目標期日がいつで、TOEFLとGMAT（英語と数学の試験）の目標スコア取得日がいつで、というように。そのためには、今日はこの参考書の○○ページまで進むというように、大まかですが必ず書き出して勉強をしていました。

あとで詳しく説明しますが、私の場合、まず、いつまでに留学を実現したいという最終目標を決めました。それを数カ月単位以上の長期目標に分け、さらに、数週間から1カ月までの中期目標に分割し、最後に、各中期目標を達成できるように1日の目標設定を決めていました。

最終目標期日を設定した後に、長期目標を設定し、これを細かく中期目標、さらに1日目標と細分化するほうが、目標を設定しやすいと思います。この逆の方法だと、最終目標達成の期日が延びてしまったり、実現不可能になる可能性があるので、私はおすすめしません。

ビジネススクール時代に、企業の新商品開発の値段のつけ方の違いで、大きく成果が違った例があります。これが、目標設定の方法の違いと非常に近いので説明します。

従来の欧米企業の新製品の価格の決め方は、材料費がいくら、製造費がいくら、人件費がいくら、広告費がいくら、だから、新商品には、これくらいの価格をつけるという方法を取っていました。つまり先に大きな目標を決めずに、コストの結果として価格を決めていたのです。当然、商品の価格は高くなります。

一方、日本企業が採用したのは、先に価格を決めることでした。例えば、ある機能がついたカラープリンターを2万円以内の価格で提供すると。次に、そのためには材料費・製造費・人件費・広告費はこのくらいに抑えなければならないという方法で商品開発・価格の決定をしました。

勝ったのは、どちらでしょうか？　当然、日本企業のやり方です。このように、先に最終目標を描いてから、目標を細分化したほうが成功の確率が高いと思います。

何の目標も立てずに漠然と勉強していると、何のために勉強しているのかわからなくなるときがあったり、しんどいときに勉強を放り投げてしまいがちです。

そのためにも、自分は何のために勉強しているのか、いつまでに勉強の成果を出す必要があるのか、ということを頭のなかだけではなく、きちんと紙に書き出して、視覚的にチェックするほうが得策です。

どうせ同じ時間・労力・お金を使って勉強、つまり自己投資するならば、できる限り最大のリターンを得たいと思うのは当然です。もし、途中で挫折するようなことがあったり、目標を達成できなければ、それまでの投資が無駄になってしまいます。

ですから、あなたが本格的に勉強を始める前に、きちんと紙に書き出して目標設定をして成功の確率を上げ、最大の投資リターンが得られるように心がけてください。

勉強法
35

長期目標のポイントとは?

私のシステムでは、1カ月以上の目標を長期目標として設定しています。大まかに2~3カ月単位で設定しても構いません。カレンダーでも、お手製のスケジュール表でも構わないので、大きめの表を作って、いつでも視覚でとらえられる状態にしておいたほうがいいでしょう。要は、**いつでも長期目標を意識して勉強できるようにする**ことをおすすめします。

私は、簡単なスケジュール表を作って、いつでも見られるように机の前に貼っておきました。そうすると、勉強のモチベーションを保つのに役に立ちます。

私の場合、ふっと勉強から逃げたくなるような状態に陥ったときでも、長期目標表を見ると、「今日勉強をサボったら、長期目標の実現日が延びるな。そうなると、当然留学の目標も達成できない」という、いい意味でのプレッシャーになりました。

やはり、このように大きな目標を常に意識して勉強を続けるのと、そうでないのとでは、長期的に見て、勉強の成果がまったく違ってきます。私が、きちんと長期目標を立てないで、留学のための勉強を続けていたら途中で挫折していたかもしれません。

勉強法 36

中期目標設定のコツとは?

長期目標を立てたら、それを1週間から1カ月程度の中期目標に分けます。

厳密にし過ぎずに、おおまかに中期目標を立てるのがコツです。自分の手帳やカレンダーに、例えば、8月15日までには参考書の50ページまで進む。8月22日までに100ページまでというように。

私が留学のための勉強をしていたときにも、このように大まかな中期目標を立てました。この中期目標を立てるときに大切なのは、1週間に1〜2日くらい休憩日を入れてあげることです。

例えば、1日に10ページ参考書を進めるペースだと7日間で70ページ進むことになります。しかし、毎日の生活で、優先事項が高いことが出現することも多々あります。突然の出来事に対処するために予備日としての休憩日を設けます。例えば、1日に10ページの目標を立てても、水曜日と土曜日は空けておいて、1週間のトータルで50ページ分参考書が進めば、それでOKとします。

要は、勉強のスケジュールを詰め過ぎず、1週間に1日か2日程度くらい勉強しなくても、達成できそうな中期目標を設定することが大切です。

多くの人はビッシリと勉強スケジュールを詰めて、そのスケジュールどおりに勉強が進まないと、自己嫌悪に陥ってしまいます。自己嫌悪に陥ると、勉強の活動自体をしばらく中断してしまう傾向があります。

何度も強調していますが、毎日少しずつでいいですから、何年という長い期間で勉強を続けることがとても大切です。

ですから、些細なことで「私は勉強ができない人間だ！」と勘違いしないように、**あなたに優しいスケジュールにします。**

達成不可能な目標は存在しません。**目標の設定に無理があっただけです。**

つまり、実現不可能な目標を立てたのが原因であって、あなたの能力が低かったわけでも、強い意志がなかったわけでもありません。例えば、「1週間で本を1冊読む」という目標が達成できなければ、「1カ月で本を1冊読む」に変更すればいいわけです。

真剣に勉強をしている人ならば、勉強がはかどらず自己嫌悪に陥ったことがあるでしょう。

私が留学のために勉強しているときもまったく同じで、ビッシリとスケジュールを詰めて、そのスケジュールどおりに勉強がはかどらないと、自分に対して強い怒りを感じたものです。そして、ふてくされてしばらく勉強をしないときもありました。

報道の仕事をしていたときには泊まり勤務があったので、翌日の泊まり明け日には、体内時計が狂ってしまいました。よって、勉強すべき時間に眠気が襲ってきて、思うように勉強がはかどらなかった経験があります。これが、当初ビッシリと詰めた中期目標計画どおりに勉強がはかどらなかった理由です。

しばらくして、「勉強スケジュールを緩める」作戦に変更しました。今度は1週間に2日程度勉強をしなくても余裕のある勉強スケジュールにしていました。あらかじめ勉強を休む日を決めておいても、調子がよければそのまま勉強を進めました。ですから、通常はこの中期目標よりも早いペースで勉強が進むのです。そうすると、とても気分のいい状態で、長期間勉強を続けられることがわかりました。

同じ勉強を続けるのでも、気分のいい状態で続けるのと、自己嫌悪を感じながら続けるのでは、心理的な負担が全然違います。ですから、自分の勉強の進み具合に対する期待値を下げて、実際にはその予定よりも少し早いペースで勉強を進められる程度の中期目標を設定するのがコツです。

勉強法 37

1日目標の設定方法とは?

1日目標は時間単位で目標を決めます。私は必ずポストイットに書き出して、その目標を達成できるように勉強を進めます。例えば、次のように大まかに書き出します。

7時00分〜7時30分　15ページまで
7時45分〜8時15分　18ページまで
8時30分〜9時まで　21ページまで

仮にこの目標を達成できなくても構いません。大まかな指標として使用します。この場合、中期目標と同じように決して達成不可能な目標は設定しないでください。

さらに大切なのは、**必ず紙に書き出す**ということです。

紙に書き出さないと、勉強が進まなくても机に向かっているだけで何となく勉強がはかどったような気分になってしまいます。

もし、勉強が思うように進まなくても、「私は怠け者だ」と劣等感は持たないでください。大切なのは、自分があまり怠け者にならないような仕組みを作るということです。そのために、1日（半日でも構いません）目標を紙に書き出すことが大切です。

次に、その日の勉強が終わったら、書き出した1日目標をチェックして、勉強の進《しん》捗《ちょく》状況をチェックします。そして、予定どおり勉強がはかどったら自分をほめてあげましょう。逆に、予定どおり勉強が進まなかった場合は、その原因を調べて、次回の勉強効率アップの参考材料にしましょう。

「うまく勉強がはかどらなかった」と自己嫌悪に陥る必要はありません。要は、その日または数時間の勉強のときでも、必ず目標を目で確認できるように紙に書き出すことが重要です。

私も1日を振り返って、勉強がはかどるときとそうでないときがあります。勉強がはかどらなかったときの原因は、例外なく1日目標を紙に書き出さなかったときです。ですから、勉強前にたった3分でいいですから、必ず紙に1日目標を書き出してください。

さらに、あらかじめ決めた時間内で一定の勉強を終えるように努力します。第2章の『勉強法13　同僚に差をつける時間の使い方とは？』で説明した、仕事を早くこなすコツと同じです。

勉強法38

目標設定いかんで行動と成果は大きく変わる?

「目標設定」と聞くと、「またか!」と思う人が多いでしょう。
しかし、この設定の仕方次第で、人の行動は大きく違ってきます。行動が違えば、当然成果が大きく変わります。私の場合を例に挙げます。

カナダを遊学中に、カナディアンロッキーを自転車で旅したことは前に述べました。このときに、写真の修業をすることを目標に掲げました。ただ旅行するのと、写真修業するのでは目的が違うので、当然行動が変わります。どのように変わったか? 毎日のように日の出前に起床して、大自然を撮影していました。

ご存じない方が多いのですが、風景写真においてシャッターチャンスの大半は、日の出または日没前後1時間にあります。その証拠に、風景写真のプロカメラマンの写真集を見てみてください。その大半が日の出または日没前後に撮影されています。

特に、日の出前後の1時間は、日中見る風景とはまったく違う風景が広がっています。空は真っ赤に染まりますし、太陽が顔を出した後も位置が低いので、影が長く伸びて幻想的な風景が広がります。風が吹いていないので、湖の表面は鏡のようになり周囲の風景を映し出しています。花が揺れないために、植物を撮影するのにも都合がいいのです。

毎朝、日の出前にカメラを持って外に出ても、その日によって天候が大きく違うので、毎回いい風景に出会えるわけではありません。それでも、写真修業を目標に掲げていますから、毎日のように寒い外に出てカメラを構えて日の出を待っていました。

実は、カナディアンロッキーでまだ暗いうちに1人で外を歩き回ることは相当怖いことなのです。なぜなら、熊が出没するからです。地上最強と呼ばれるハイイログマが生息しており、カナダでは毎年犠牲者が出ていました。熊と鉢合わせにならないように、歌を歌いながら写真を撮っていたものです。

この行動の違いが新聞社への就職、その後の報道カメラマンとしての成果につながります。

他の例として、アメリカ留学中には、

1. 修士を取得すること
2. 英語力を身につけること

を大きな目標にしました。

大半の留学生は、学位を取得して無事卒業することしか目標にしません。しかし、私は、これに加えて、「英語力を身につけること」も目標にしていたので、英語の勉強にも相当力を入れました。

「アメリカやイギリスに留学した」と聞くと、「留学経験＝英語が上手」と勘違いしがちですが、2〜3年留学しても英語を思うように操れない留学経験者は結構多いのです。なぜなら、彼らは大学・大学院で専攻の勉強には力を入れますが、これが英語の勉強にも力を入れたことにはならないからです。

ですから、海外留学経験者ゆえに、同僚から「英語が上手に違いない」と勘違いされ、そのギャップに苦しんでいるビジネスパーソンが意外と多いのです。

同じ留学でも、目標設定が違えば行動が違います。

私の場合は、大学院の専攻の勉強に加え、英作文クラスを2コース、ビジネス英作文クラスを1コース、スピーチクラスを1コース、発音クラス2コースを履修しました。そして、先ほども書きましたが、学校の勉強以外の時間は、毎日、新聞を必ず読んだり、テレビドラマを見て英語を勉強していました。

行動が違えば、当然成果が大きく違います。

このことは、私が同じ2〜3年留学した人と比べると多少英語が達者で、現在英語を指導できる立場にあるという違いとして現れています。

勉強法 39

目標達成できない最大の理由は?

人それぞれ違う目標や夢を達成するために勉強をしたり、自分のスキルを磨いたりしています。

例えば、資格などの試験を受ける場合を例にすると、心構えとして「もう受験しても大丈夫」と思ってから受験してはいけません。こんなふうに考えると、合格や目標点を取るまでに予想以上の年月がかかってしまいます。

逆に、例えば2012年の1月の受験日をあらかじめ決めておいて、それに向かって一気に勉強することが大切です。つまり、**先にゴールを決めるのです！**

「タラ、レバ」の発想（「〜したら、〜すれば」の発想）ではなく、先にゴールを決めて、「それを達成するには何をしたらいいのか」、こう考えてください。多くの方が、「タラ、レバ」の発想で考えるから、5年経っても10年経っても、ご自身の夢や目標が実現できない場合が多いのです。

時間がかかっても夢や目標を実現できればいいのですが、多くの方がご自身の夢や目標を実現せずに一生を終えてしまっています。

もう一度強調します。期日を含めて明確に、あなたが実現したいことを先に決めてください。多くの人が目標を達成できないのは、**決断しないことが最大の原因です。**あなたも、決心がつかずに決断を先延ばししていることはありませんか？　これは、いわゆる保留（pending）の状態で、後に、不本意な結果に終わるパターンになるのは、決断できなかったことが大きな理由です。

あなたの過去を思い出してください。したいことができなかった、欲しい物や人物（恋人や配偶者）が手に入らなかったのは、中途半端で決断しなかったことが原因ではありませんか？

逆に言うと、自分が決断さえすれば、目標や願望の半分はもう手に入ったのと同じなのです。

勉強法
40

逆転の思考法で目標達成できる？

「目標を実現するためには、自分はどうすればいいのか」と考えてください。つまり、**いままでの思考法とは逆にして**ください。

多くの人が、「～したら、～する」という考え方をします。例えば、「ＴＯＥＦＬで○○点を取得したら、留学する」とか。そうではなく、「○年○月○日までに私は～

する（になる）。それを実現するためには〜する」と。

例えば、「2013年8月までに留学をする。そのために、2012年3月までにTOEFLで○○点を取得する」と考えるようにしてください。このように思考法を逆にすれば、あなたの夢や目標は確実に、いままでの数倍早く達成できます。

別の角度から説明します。自分の実現したい目標や夢を先に決める。つまり、固定（fix）するのです。そして、あなたがその目標達成のために注ぐエネルギーや時間を変動させるのです（通常は、量を増やす）。これが変数（variable）です。

要は、あなたの目標達成のためだけに、エネルギーや時間を増やし、集中させます。次の図を見てください。つまり、こういうことです。

自分の目標達成ができない人たちの共通点は、まったく逆のことをしていることです。目標達成のために注ぐエネルギーや時間が、いままでと変わらず固定のままなので、目標達成のほうが変数になっているのです。

だから、「あと2年間英語を勉強すれば、留学できるのではないかな？」と言い続けているのです。

目標や夢を明確にして労力を増やせば数倍早く達成!

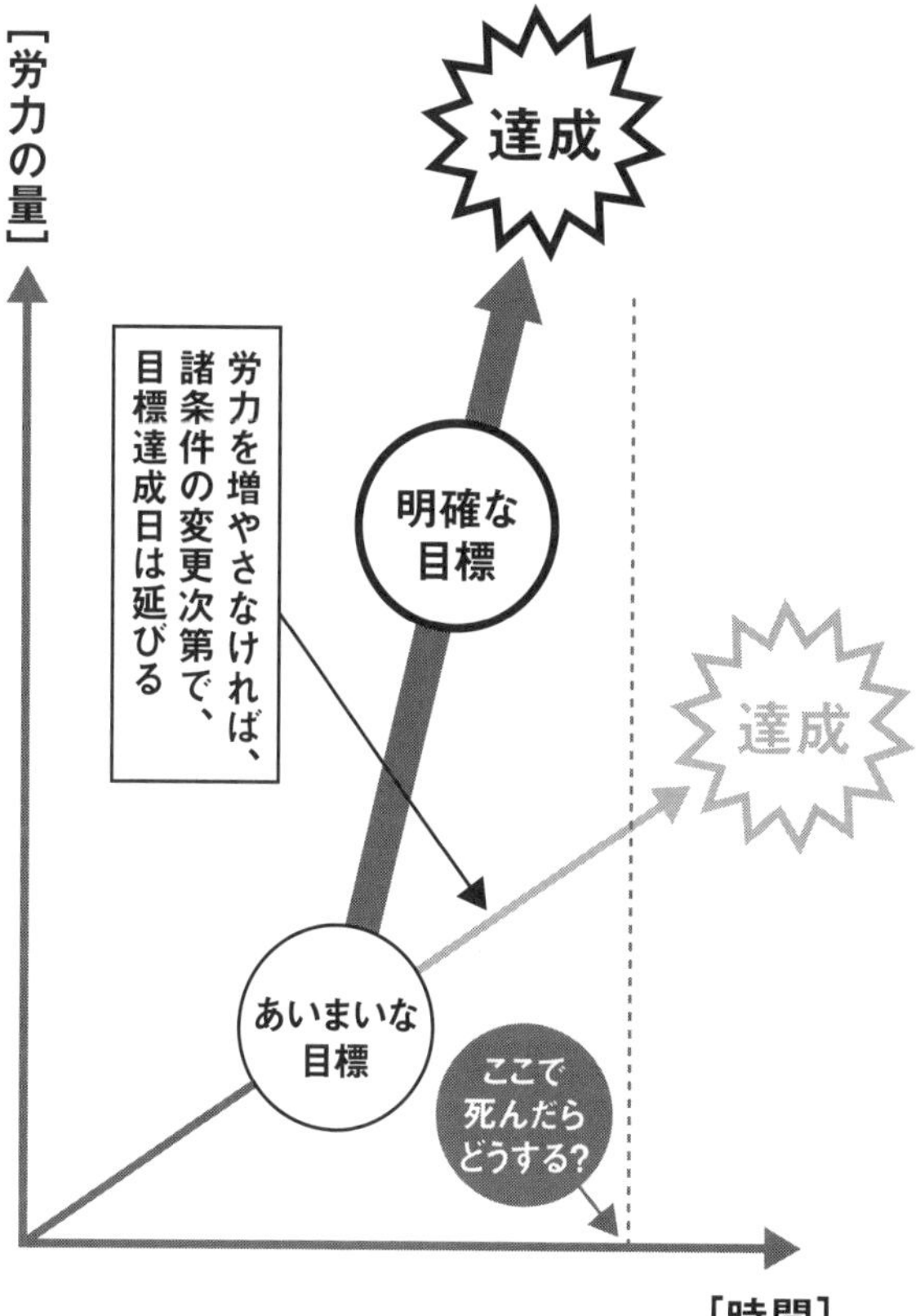

もし、状況が変わるとどうなると思いますか？

「最近、仕事が忙しくて英語の勉強が思うように進まないから、留学できるのは3年先かな？」と、設定目標の達成期日が延びてしまうのです。そして、そのままズルズルと時間だけが過ぎ、多くの人が歳だけ取ってしまうのです。そして、年老いたときに「若いときに○○したかったんだけど……」と言い訳をしながら、自分の夢や願望を達成できないまま一度しかない人生が終わってしまうのです。

あなたは、それでもいいのですか？

70代でも夢を実現することは可能です。しかし、70代よりも60代、60代よりも50代、50代よりも40代、そして、40代よりも30代で始めたほうが、体力的にも夢を実現する確率が高いことは、簡単に想像できます。

私たちは例外なく**年老いて、いつかは死ぬという現実**を直視してみてはどうでしょうか。このことをもう少し意識して毎日を過ごせば、あなたが人生でやりたいこと・実現したいことを先延ばししている場合じゃないのがわかるはずです。

ですから、「〜したら、〜する」というふうに考えている場合ではありません。

私はこの逆転の思考法で考え、自己投資をし続けたことで、夢だった長期海外旅行を実現し、多感な20代のときに見聞を広めました。報道カメラマンになり、全国紙のトップ記事の写真を撮りました。6年越しの夢だったアメリカ留学を実現しました。30歳を過ぎてから、英語を話せるようになりました。20歳頃からの夢だった自分の会社を持つことを、35歳頃に実現しました。そして、英語学校を立ち上げ、英語を指導する立場になっています。著書も2010年2月現在で10冊になりました。

まだまだ実現したいことはたくさんあるので、今後もこの思考法で成功と失敗を繰り返しながらも、着実に1つずつ実現し続けていくと思います。

勉強法41 目標達成のための代償って?

1973年にノーベル物理学賞を受賞した江崎玲於奈氏を報道時代に取材したことがあります。その経歴たるや、スゴイの一言。でも、同氏を取材したときの一言が印象的でした。

「ノーベル賞をはじめ輝かしい功績の数々。さぞ人生は順風満帆だったでしょう?」という私の愚問に対し、「イヤ、それは違う!」と瞬間的に答えた後、苦い顔をなさっていたのが印象的でした。

私は直感的に「輝かしい功績の裏ではプライベート面で犠牲を払ってきたのだな」と察しました。

留学のために勉強していたときの私は、とにかく勉強のために時間を使いたかったのと留学費用を貯めなければならなかったので、同僚とのつき合いは最低限にしていました。よって、当時は比較的人間関係が希薄だったはずです。とにかく、自宅に直帰して毎日勉強だったのを覚えています。

賢い人なら、勉強に打ち込んでいるときでも、他者とのもっと賢明なつき合い方があるかもしれません。しかし、当時の私には他の方法は考えられず、とにかく自分の長年の夢を実現することに集中し、それと関係ないことは極力省いていました。

ここで言いたいことは、勉強を続けていくためには、ある程度の**代償を払うことが**

必要だということです。

いままでより同僚と居酒屋でお酒を飲む回数は減ります。友人とのつき合いも多少減るかもしれません。休日に家でゴロゴロできる時間も減ります。

ある程度は覚悟して勉強を始めてください。というのは、比較的短期間に何かを実現するためには、一点に時間や労力を集中することが絶対不可欠だからです。厳しい言い方ですが、それがイヤなら**目標達成はあきらめるしかありません**。

勉強法 42
手帳で目標設定すると実現スピードが加速する？

日本に帰ってきてからは、手帳に目標を書いてこれを持ち歩くようにしました。手帳に書いた目標をできるだけ毎日読むことを実践するようになってから、目標の実現スピードが加速しました。

どのくらい加速したか例を挙げると。

帰国後、たった半年で最初の翻訳ビジネスを立ち上げました。ここから得た収入で、当初、帰国後7年かけて返済するはずだった600万円あまりの留学ローンをたった2年で完済しました。帰国後1年半以内に、資本金300万円で自分の会社を起こしました。この本も含めて書籍を10冊出版しています。現在は英語学校も立ち上げ、各種セミナーを開催し、いつの間にか「先生」と呼ばれる立場になっています。

このようにうまくいったので、「自分の手帳の使い方が他の人にも参考になるのではないか」と考え、B5判52ページの冊子『手帳の使い方マニュアル』を2003年暮れからホームページで提供し始めました。いま流行の手帳の使い方マニュアルのセットのはしりです。

目標を紙に書き、それを毎日読み返せば夢は実現すると提唱し、多くの人々に大きな影響を与えたのが『思考は現実化する』(きこ書房)を書いたナポレオン・ヒルです。しかし、これを聞くと大半の方が、「もう知っている」と思うに違いありません。ところが、ほとんどの人がこれを実践していません。

でも、どうして目標を書き、毎日読み返すことで目標の実現スピードが加速されるのでしょうか？　私なりの解釈で説明します。

人の行動の大半は無意識（潜在意識）が操っています。無意識が行うことというのは、簡単に言うと、あなたが気づいていない習慣や癖のことです。つまり、あなたの日々の行動パターンのほとんどは、あなたの知らない間に無意識が勝手に行っているものなのです。

そして、あなたの習慣はどのように形成されたかというと、あなたの親や周囲の人間から長年繰り返し送り続けられたメッセージによって、いつの間にか無意識にプログラムされてしまったのです。ですから、いまのあなたはそのプログラムどおりに行動しているに過ぎません。

しかし、ここで問題が発生します。

それは、**現在のあなたの習慣**（無意識に書き込まれたプログラム）**のままでは、いまのあなたの環境**（人間関係、仕事、金銭的なことなど）**しか得られない**ということです。

そこで、あなたの望む環境や人生を得るために、このプログラムを書き換える必要があります。

現在のあなたのプログラムは、周囲から繰り返し送り続けられたメッセージによって書き込まれたわけですから、今度は本人が自分の無意識にメッセージを繰り返し送り続けることで、**自らプログラムを書き換えればいい**わけです。ですから、書き出した目標を毎日読み返すことが大切なのです。

つまり、目標を毎日読むということは、無意識（潜在意識）の書き換え作業を行うことになるのです。無意識が変われば、無意識が操っていたあなたの行動が変わります。行動が変われば、当然結果が変わります。

毎日持ち歩くことができ、頻繁に目標を読み返すのに便利なツールが、手帳だったというだけの話です。

現在は、私の手帳マニュアルを4000名以上の方が利用して、同じように成果を上げています。給料が2倍になった人、営業成績が抜群に上がった人、いままでとは考え方が180度変わった人など……多くの方々が夢や目標を達成されています。

勉強法
43

手帳を使った目標設定の方法とは？

手帳を使った目標設定の方法はいろいろあるでしょう。「私の方法が参考になればば」と思い、『手帳の使い方マニュアル』から抜粋して書きます。

○長期目標は15年計画表で

私は手帳に15年計画表を作って、これを長期目標にしています。長期目標を立てる人でも、さすがに15年先を考えて目標を立てる人は少ないでしょう。見開きとして使えるリフィルを使って、西暦、その横に自分や家族の年齢を書き込んで、その横に大まかな達成日標を書き込んでいます。そして、実現したことは赤ペンでチェックを入れていきます。

やはり、きちんと目標を立てると、毎年、結構な確率で達成しているのがわかります。

なぜ15年にしているかというと、人生は先が長いわけですから、1年単位の目標設定だと、どうしても**近視眼的になりやすい**からです。

毎年の目標は着実に実現してきたけれど、10年経って過去を振り返ったときに、もしも当初自分が望んでいた人生とは大きくかけ離れていたら、失われた10年は取り返しがつきません。

ですから、もっと長いスパンで人生を見つめたり、計画・目標を立てたりするためにも15年程度がいいと思います。

○実現リスト

1年間の実現目標は、同じような見開きのリフィルを使って、○月○日までに実現するという期日つきで書き込んでいます。

これも同じように、達成できたら赤ペンでチェックを入れていきます。

最上段に実現する年、その下の12マスを使って、1から12（月）まで横1列に書き込みます。今度は、同ページの左側の枠に、タテ1列に1から31（日）を書き込みます。

長期も短期も目標設定には手帳を使おう!

●15年計画表

年	私	妻			目標
2010	35歳	30歳			✓文章作成セミナーを開催する
					✓10冊目の本を出版する
					●アフリカに旅行する
					●貯金を1000万円にする
2011	36歳	31歳			●マンションを購入する
					●車を買い替える
					●投資セミナーを開催する
					●11冊目の本を出版する
2012	37歳	32歳			●新しいビジネスを始める

●実現リスト

2010年

日＼月	1	2		12	目標
1		……			✓文章作成セミナーを開催する
2					✓10冊目の本を出版する
3		……			●アフリカに旅行する
4					●貯金を1000万円にする
5	……				
6					
7				……	
8					
9					
10					
11					
12		……			
13				……	

10冊目の本を出版する

アフリカに旅行する

私が愛用しているリフィルの場合、小さなタテマスは33行あります。先ほど書き出した、あなたが実現したい項目をいくつか抜き出し、ここに書き込むのです。例えば、2012年の7月1日までに実現したければ、7月の欄の1日に当たるマスに書き込みます。ひとマスは小さいので、私はマスをはみ出して書き込んでいます。見た目よりも自分がわかりやすいように書き込みます。

この目標期日は1年を通じて変更になる可能性もあるので、私はシャープペンシルで書き込んでいます。

ちなみに私が愛用しているのは、通称「SD手帳」と呼ばれる「システム ダイアリー」です。日本初のシステム手帳で、1968年に発売されて大ベストセラーになりました。いまでも愛用者が多く、特に50代以上の方々に絶大な支持を得ています。

まとめ

■夢を実現させるには、まず目標を紙に書き出し、視覚的にチェックすること。

■「最終目標期日を設定→長期目標を設定→中期目標を設定→1日目標を設定」というように目標を徐々に細分化していくと達成しやすい。

■多くの人が目標を達成できない最大の原因は、「決断しないこと」にある。期日も含めて明確な「実現したい夢や目標」を先に決めよう。

■手帳に目標を書いて持ち歩くと、目標の実現スピードが加速する。

■目標を毎日読み返せば無意識が変わる。無意識が変われば行動が変わる。行動が変われば結果が変わる。

実践者の声③

率直な感想を申し上げますと、読み終えてからじわじわと（今もですが）内面をこすられるような感じを引きずっています。というのも、「勉強法」の内容があまりにも具体的で、いわゆる「勝ち組」と呼ばれる人達との差が、こんなところからついているという現実を否が応でも感じずにはいられなかったからです。

さらに、私はもう30歳を過ぎてます。今までの失われた時間で、どれだけ自分がバージョンアップできたかを思うとちょっとした絶望感がありました。ただ、内面的には、今までなんとなくもやもやと〝こんなことでいいのか〟と感じていたことを実際に文字で認識できたのでしょうか、何となくものの見方、考え方が少しずつ変わってきたように思えます。

私は、今まで潜在意識というものをあまり（まったく？）考えたことは無かったのですが、目標を立てて成功すること、脳の97％を使うということは、潜在意識をうまく利用するということですよね？　多分、これ当たっています。というのも、今まで小さな事ですが、挑戦していい結果がでなかった時は大体気分が乗っていない。または、

ネガティブになっていたように思います。また、
・学生の時に取ったバイクの大型免許（限定解除）
・最近とったシスコＣＣＮＡ（中古ルーターを買っての独学）
・その他の国家資格
などは、達成した後の自分の姿を想像して取り組んでいた記憶があります。こういった小さな成功体験が、恐らく人生で考えた時の縮図になっているのでしょうね。『負け犬にならないための勉強法』には感謝しています。恐らく、この内容を読んで気付く人生と、そうでない人生はかなり違ったものになっていると思うからです。これからは目標を意識して悔いなくやって行きたいと思っています。（一部抜粋）

愛媛　Ｋさん

古市さんの「手帳」を使い始めて、夫が本当に変わったのです。以前は、物忘れがひどいことで有名になるくらいで（笑）、「これやってね」と言っても、何週間も、下手すると何カ月も放っておかれることがしょっちゅうありました。本人は全く悪気がないのですが、プライオリティが低かったりすると、忘れちゃうんですね。私の忍耐力もかなり鍛えられました（笑）。

そんな夫の目標は、「小さなことに忠実になる」ということでした。「小さなことができなくて、なぜ大きなことが任されようか」ということが頭にあったのですね。でも、それがなかなか直らず、私も半分諦めていました。

夫が初めてこの手帳のことを知った時、すごく興奮して、「ねえ、これ買ってもいいかな」って私に聞いてきました。私は正直、「手帳の一つで物忘れが直るくらいなら、だれも苦労しないわよ」と反対しました。でもありがたいことに、夫がモニターになるということで古市さんから手帳をいただき、使い始めて、即、効果がでてきたんです。

以前は、私が「これやった？　あれやった？」とうるさくいちいち思い出させてあげなければならなかったのが、今では、私が何も言わなくても、やって欲しいことや、その他いろいろ細かいことを先回りしてやってくれるほどです。以前の夫では、考えられないことです（笑）！

もともと家庭をとても大切にする夫ですが、この手帳に出会って、具体的な目的や目標を考えてくれるようになり、またそれに実行が伴うようになり、ものすごく頼もしい夫になりました。この手帳と出会わせてくださった古市さんには、とても感謝しています。（一部抜粋）

東京　Wさん

第7章 勉強効率アップのための食事・睡眠

勉強法
44

食事が勉強の成果と関係する？

勉強の大敵のひとつは？　意外に思われるかもしれませんが、**食事です！**

理由は、食事をすると体が食べたものを消化しようと胃に血液を集中させ、食後1時間程度は集中できない状態になるからです。脳に巡る血液の量が不足するのです。あなたは毎日のように経験していると思うので、特別な説明は不要でしょう。食後は眠くなり、能率が下がります。対策をいくつかご紹介します。

1．食べ過ぎない。同じ量の食事をするなら、1日3回の食事を4回に分けるなど、一度に大量の食べ物を胃に詰め込まない。例えば、朝、12時、3時、6時など、最低3時間は間隔を空ける。さらに、よく嚙んで食べる。

2．先に食事をしてから、入浴するなど、食後すぐに勉強しない状況を作る。つまり入浴→食事→勉強の順番ではなく、食事→入浴→勉強のように、食事の直後に勉強の活動が入らないようにする。

ここから先は、少しマニアック。

3. 野菜とご飯を中心に食事をする。つまり胃に負担をかけない食事にするのです。

詳しくは、『フィット・フォー・ライフ──健康長寿には「不滅の原則」があった！』（グスコー出版）を参照してください。

要約すると、「文明が発達するにつれ人間は、本来口にしなかったようないろいろな食べ物を同時に胃に詰め込むようになった。この食べ物の組み合わせが悪いために、人間は消化の作業に身体の膨大なエネルギーを使い疲労感を感じる」ということです。

そして、同著では食べ物を大きく、

1. 果物
2. 野菜
3. ご飯、パンなどの炭水化物
4. 肉、魚、豆類などのタンパク質

の4食品に分類しています。

●果物は人間の体にとって消化済みの食べ物。よって、消化の作業を必要とせず、20分程度で小腸に送り出される。
●野菜は胃の消化液を必要としない。よって、消化器官のなかが中性、酸性、アルカリ性でも分解が可能。消化までは約3時間が必要。
●ご飯などの炭水化物を消化する場合は、アルカリ性の胃液で消化する。
●肉などのタンパク質を消化する際は、酸性の胃液で消化する。

ここで問題になるのは、〈ご飯と肉を一緒に食べると、ご飯を消化するためにアルカリ性の胃液が、肉を消化するために酸性の胃液が分泌され、結果、胃液が中性になってしまう（胃の構造はそれほど単純ではないようですが、簡単に説明するためにこのように記述しています）――→胃のなかで食物がなかなか消化できないため、長い場合では8時間以上も消化作業を必要とする――→体のエネルギーを消耗してしまう〉ということです。

私は報道カメラマン時代に、女子マラソン選手の取材をしたことがあります。記録を伸ばすための彼女たちの大きな悩み事は食事でした。

「練習をすれば体力を消耗する。しかし、体力をつけるために食事を摂りすぎると、胃に負担がかかり、また体力を消耗する。でも、何か食べないと体力が持たない……」と。この発言が消化作業には膨大なエネルギーが必要である、ということを裏づけています。

同著はさらに、体には24時間周期のリズムがあると解説しています。

1. 正午〜午後8時——摂取（食べることと消化）
2. 午後8時〜午前4時——同化（吸収と利用）
3. 午前4時〜正午——排泄（体の老廃物と食物カスの排出）

と3つのサイクルに分けています。

さらに、朝~正午は、胃に負担をかけない果物だけを食べる。正午~午後8時は、食べ物の組み合わせを守り、野菜とご飯などの炭水化物、または野菜と肉類などのタンパク質を食べることをアドバイスしています（肉や魚のタンパク質は胃への負担が大きいので、炭水化物と野菜の組み合わせをおすすめします）。

＊注意：デザートも含めて食べ合わせを守ってください。食後に何か果物を食べたり、ヨーグルトなどの乳製品を食べたりすると、食べ物の組み合わせを守っていない、ということになります。

「勉強法の話題に食事法？」と思われるかもしれません。

しかし、1日24時間の活動のなかで、人間は通常3回食事をします。毎回の食事の後に、1時間程度の集中力が落ちる時間帯があれば、1日3時間もの生産的な時間を失うことになります。

人間は通常7時間程度睡眠を取りますから、残りの17時間中の3時間、つまり実質的には1日の約**17・6%が非生産的な活動**になってしまいます。これを上手くコントロールできれば、生産的な活動時間が増えます。

この食事法で、仮に毎日3時間の内の2時間を有効に使うと、年間でさらに730時間も有効に使えます。24（時間）で割ると、30日分に匹敵し、実質活動時間の17（時間）で割ると43日です。

テレビを見ないで時間を節約することと併用すると1年に約3カ月半分の時間が捻出されます。

私は、この食事法を始めた1日目で、体調の違いに気づきました。胃に全然負担がかからないのです。

ですから食後10分もすれば、すぐに勉強や仕事の活動に入ることができます。他の人が食後、あくびをしている間に、あなたは仕事や勉強がはかどっているのです。当然、差がつきます。

「この食習慣はちょっと」という方は、朝食を果物だけにしてみてください。胃に負担がかからず、体調の違いを体感できるはずです。

朝、果物だけを食べると、2～3時間後にお腹がすき始め、「果物は腹持ちが悪いな」と感じるかもしれません。

しかし、腹持ちがいいということは、胃のなかの食べ物が消化されずに、長い間胃に留まっているということです。ですから、あまりいいことではないのです。

いままでの食生活の常識がいかに間違っているかについては、『病気にならない生き方』（新谷弘実著、サンマーク出版）に詳しく書かれています。とくに、ご家族の健康維持・管理に興味がある方には、この本は必読書です。

勉強法45 どうして睡眠は重要か？

睡眠は最低でも6時間は取ってください。理想は7時間半。大きな理由は以下のとおりです。

1. 頭が冴えていないと効率が悪くなる
2. 覚えたことが、睡眠を通して記憶として定着する

ある子役は「どうやって大量の台本（セリフ）を覚えるのか」という質問に対し、「台本を何度も読んだ後に寝る」と答えていました。これが睡眠と記憶の関係を表しています。

もし、ベッドに入っても寝つけない場合は起きて勉強をします。ベッドに入っていても寝られないのですから、無駄な時間を使わないようにします。

通常、30分程度本を読んだり、勉強をすれば、自然と眠くなります。「寝よう、寝よう」と努力すると、いっそう寝つけなくなりますから、思い切って起きてしまうのがコツです。

さらに、ご自宅で勉強している場合などは、勉強の合間に仮眠することを心がけてください。休憩時間＝仮眠、でも構いません。別に本格的に眠る必要はありません。

ベッドで10分程度、目を閉じて横になるだけでいいのです。**脳には詰め込まれた情報を整理する時間が必要です。**その時間を脳に与えてやるために仮眠します。しかし、この際、1時間以上寝ると、体のバイオリズムを崩しますから、最長でも1時間が限度と考えてください。

勉強法 46 目覚まし時計なしで起きる方法がある？

特に、独身男性にはおすすめします。1週間くらい試してみてください。その効果がすぐにわかるはずです。

何をするかというと、夜寝るときに、**カーテンを開けて寝る**のです。抵抗がある方はレースのカーテンだけを閉めて寝てください。街灯などの明かりが室内に入る場合は、目にタオルをかぶせて寝ます。つまり、朝になっても朝日が差し込まないような遮光カーテンを閉じることなく寝るということです。これをすると何が起こるかというと……。

朝、太陽の直接光または間接光が寝ているあなたに差し込みます。すると人間はまぶたを閉じて眼球で光を感知し、これで体が朝だとわかるわけです。つまり、自然に近い形で生活すれば、人間は自然のサイクルに逆らわないで生活することができます。規則正しいバイオリズムで生活できるわけです。

『知恵蔵』（2007年版、朝日新聞社）によると、バイオリズムとは、「生体リズム。生物の活動にみられる固有のリズム」と定義されています。

しかし、文化が発達し、プライバシーなどの観点から遮光カーテンを引くようになると、朝になっても朝日が差し込まないために、体は「まだ夜だ」と錯覚してしまうわけです。

さらに体に悪いことには、夜のはずなのに、いきなり「ジーッ、ジーッ!!!」と目覚まし時計の大きな音で、体がビックリするわけです。当然、目覚めがいいはずはありません。

カーテンを開けて寝ると、仮に目覚まし時計で目が覚めても、体が目覚めに向かう途中で起きるので、突然起こされるよりも気持ちよく目覚めることができます。

ここでひとつ気をつけて欲しいのは、カーテンを開けて寝ても、夜更かしをしては朝なかなか起きられません。

ちなみに、アメリカのある電力会社は、夜勤者の眠気を解消するために、夜勤時間帯の事務所の照明の明るさをいままでの3倍にしました。これは、このメカニズムを逆手に取って、わざと体に昼間と認識させるためです。これで夜勤者の「眠い」というトラブルはずいぶん解消したそうです。

余談です。医者は、決まった時間に寝起きをして、規則正しい生活をすることが大切だと言います。しかし、人間はロボットではないし、仕事などの関係上、規則正しい生活はなかなかできません。当然、疲れているときもあれば、体調がいいときもあります。ですから、体調次第で夜に勉強してもいいし、翌朝早めに起きて勉強をしても構いません。

「規則正しい生活」という言葉に必要以上にとらわれずに、臨機応変に対応しましょう。

勉強法 47

早朝から頭をフル回転させる方法とは？

せっかく早起きをして勉強しようと思っても、寝起きで頭がすっきりしないのでは集中して勉強できません。そこで、目覚めてから比較的短時間に頭をフル回転させる方法をお教えします。

それはシャワーを浴びることです。朝の寝起き時は、体温が通常よりも低いですから、血行もよくありません。それに伴い、脳にあまり血が巡らないので、頭が冴えないわけです。

少し熱めのシャワーを浴びると、体温が通常の体温に一気に上昇するため、シャワー後すぐに勉強を始めることができます。

まとめ

■食事は勉強の効率を下げる敵。対策は、一度にたくさん食べない、よく嚙んで食べる、食後すぐには勉強しない、野菜とご飯中心の食事にする、など。

■朝〜正午は果物だけを食べる、正午〜午後8時は「野菜＋ご飯」「野菜＋たんぱく質」を食べるという食習慣がおすすめ。食後10分で勉強や仕事に取り掛かれる。

■勉強効率を上げるためにも、覚えたことを記憶として定着させるためにも、睡眠は重要。理想の睡眠は7時間半、最低でも6時間は必要。

■寝起きに熱めのシャワーを浴びると、起床後、比較的短時間で頭をフル回転させられる。

実践者の声⑤

勉強法ですが、いろいろと取り入れさせていただいております。

・土日にファミレスで新規分を覚え、平日数十分ですが、確認する。

・難易度をつけて、難易度の高いものを集中的に確認する。

・試験寸前にざっと見直す。

基本的にはこの方法で進めてきました。一番興味深かったのは食事法で、実際、試してみて目から鱗《うろこ》でした。いつも午後は朦朧《もうろう》として仕事の作業効率が上がらず困っておりましたが、おかげさまで昼食と夕食で食べ分けるなどすると楽しいくらいに意識がはっきりとし、以後、食べ合わせにも気を配るようになりました。

まだまだ、取り入れるべきよい点、見直さないといけない時間の過ごし方などたくさんありますので、ひとつひとつ吸収していきたいと考えております。

愛知　Sさん

第8章 勉強効率アップのためのツール

勉強法
48

集中力を維持するためのツールとは？

○タイマー

勉強をし始めた頃は、集中力が切れても勉強を続けてしまいがちです。私がおすすめするのは15分とか30分とか時間を設定して、時間が来たら途中であっても勉強を中断して休憩を取ることです。

そのために、キッチンタイマーや無料コンピュータソフトを使うことをおすすめしています。

私が原稿を書くときは、同じようにタイマーを30分に設定して、タイマーが鳴ったら休憩するようにしています。タイマーが鳴るまでは集中して勉強や執筆活動を続けるように心がけ、鳴ったらすぐに休憩。これで、疲れる前に休憩するペースをつかみます。

そして、休憩時にもタイマー設定して、鳴ったら勉強に戻ります。耳障りな音のタイマー音を聞くと不快に感じるので、ヒヨコ音のタイマーなどかわいいのを選ぶことをおすすめします。

勉強法 49

外での勉強に役立つツールとは？

○耳栓

「ピップイヤーホリデイ」というオレンジ色の耳栓がおすすめです。「イヤーウィスパー」という黄色の耳栓よりも遮音効果が高く、大きな薬局に行けば必ず売っています。

いままで耳栓を使ったことのない方は、ぜひ試してみてください。電車の騒音などが数分の1になり、非常に静かな状態で集中して勉強することができます。騒がしい喫茶店でも、耳栓の効果がよくわかります。

さらに、騒音は知らないうちに勉強の妨げや心理的ストレスの原因にもなるので、なるべく騒音をカットするようにします。

○Ａ４のクリップボード
私は無印良品の「強化スチロール樹脂クリップボード」を愛用しています。

膝の上に置いた参考書やノートなどにメモをしようとしても、書く面が平らでないとうまく書けません。このクリップボードを膝の上に置くと、あなたの膝が簡易移動机に早変わりします。メモしたいときに、うまくメモできないと勉強の生産性が落ちるので、カバンのなかにいつも入れておきます。

膝の上で何かを書くために固いアタッシェケースを持つビジネスパーソンがいますが、わざわざ重たいアタッシェケースを持ち歩く必要はありません。膝の上にこのクリップボードを置けば、あなたの書斎に早変わりします。

勉強法50 おすすめの筆記具とは？

○ボールペン
自宅の書斎で利用しているのは、パイロットのデスク用「ドクターグリップ」のみ。

このペンを黒、青、赤と揃えています。グリップが太いため、手が大きな私にも握りやすいのです。私が好きなのは、購入時についてくる0・7ミリの太さのインクではなく、1・0ミリの太さのインクです。こちらのほうが滑らかで断然書きやすく、アメリカ留学時には、替えのリフィルインクを何本も買っていきました。

携帯用としては、私は2本のボールペンとシャープペンシルが一体になったペンを愛用しています。複合筆記具とも呼ぶようですが、ボールペンの赤、黒、そしてシャープペンシルが一体型になったペンです。

私が愛用しているのは、ゼブラの「エアーフィット2＋S」です。大きな文具店で手に入ります。複合筆記具ですが、グリップのところにラバーもついており、書きやすさも追求している点が気に入っています。黒インクでメモをし、赤インクで読書中の本の重要な箇所に印をつけ、シャープペンシルを使ってスケジュール帳に書き込みなどをします（書き直しが必要なため）。

この手のペンが見つからない場合は、1色のボールペンとシャープペンシルが一体になったペンで十分です。

私の愛用品はパイロットの「ドクターグリップ1＋1」です。先ほどのドクターグリップと同じようにグリップが握りやすく、かつ軽いのが気に入っています。通常この種のペンの場合、黒インクとシャープペンシルの組み合わせですが、私はその黒インクを青インクと入れ替えます。インクだけなら70円程度です。そして青インクで、メモを取ったり本の重要な部分に印をつけたりするのです。

黒インクだと本に印をつけても目立たないので見つけづらいのです。かといって、赤インクだと、通常のメモ書きには不都合です。でも、青インクならば、メモ書きにも十分使えますし、本の重要な箇所に印をつければ、色違いなのですぐに見つかるというわけです。

勉強法 51
聞く勉強に便利なツールとは？

私が愛用しているのはＢＯＳＥ社のQuietComfort 3です。

これで電車のなかなどの騒音の多い場所で音声を聞くと、騒音が数分の1に軽減され、ボリュームを大きくしなくても音声がクリアに聞けます。特に地下鉄だと効果てきめんです。私はこれを10年以上も使っています。

他社も同じようなノイズキャンセリング・ヘッドホンを発売しているので、比較検討してみてください。語学の聞き取り勉強のためなどでボリュームを大きくし過ぎると難聴の原因になるので、多少の予防になるかもしれません。

最近はMP3形式で収録された教材を使って語学の学習をする人も多いでしょう。私はアップル社の「iPod」を愛用しています。これに英語のオーディオブックを入れて、英語の能力が落ちないように日々聞いています。

最近は、語学学習者向けに再生スピードを調整できるICレコーダーが増えています。各社製品をネットで調べてみてください。

カセットテープなどの教材を利用している人は、ソニーから発売されている「カセットコーダー TCM-900（1万6000円程度）」が便利です。これは最高2倍速で聞くことができます。

ご家族の誰かがテレビを見たい場合、「テレビを消して」と言うわけにもいかないでしょう。そんなときに便利なグッズとして、コードレスヘッドホンがあります。私が使っているのは、ソニーの「MDR-IF240RK」です。

家族に頼んで、これをつけてテレビを見てもらいます。そうすれば家族は勉強中のあなたを気にすることなくテレビを見られますし、あなたは静かに勉強することができます。

勉強法 52 長期計画型勉強なら、まず椅子に投資？

予算が許すのであればハーマンミラーの「アーロンチェア」が最高です。フル装備のものは結構高価ですが、自宅に勉強スペースがあり、かつ長期間勉強するのであれば、真っ先に椅子に投資することを強くおすすめします。机よりも椅子にお金をかけるのがコツです。

体に合わない椅子のせいで腰痛になって通院したり、腰痛が原因で**生産性が落ちる**

ことを考えれば安い投資です。私はアメリカで留学生活を始めるときに真っ先に買ったのがこの椅子です。この椅子なら何時間座っていても、ほとんど疲れません。

私は、報道カメラマン時代に重い機材を運んでいたせいもあり腰痛気味だったので、この椅子を購入しなければ、3年間の留学中にひどい腰痛になっていたかもしれません。アメリカから帰国する際に友人に譲り、日本に戻ってまた購入したくらいお気に入りの椅子です。

特筆すべき点はたくさんありますが、一番便利な機能はシートの前傾機能です。シート全体を前に傾斜させることで、背筋を曲げることなく長時間勉強ができます。

あなたが勉強しているときは、前かがみになっているはずです。通常の椅子の場合、お尻を載せるシートの面が水平になるように設計されています。ですから、水平なシートに座って体を前かがみにしているので疲労の原因になります。

一方、アーロンチェアの場合、お尻を載せるシート自体が前方に傾斜するので、背筋をある程度伸ばした状態のままで前傾姿勢を保つことができます。少し前傾姿勢になって机に向かえば、ほぼ理想的な状態で勉強ができます。さらに、シートと背もたれ部分がメッシュになっており、夏でも蒸れません。

購入する際に気をつけることは、フル装備のものを購入すること（フル装備でないと前傾機能は装備されていません）。そして、椅子のサイズを指定することです（大中小と3種類あり、通常はBサイズのミディアムサイズ）。

最近は中古が多数出回っているようなので、中古品で十分です。

勉強法
53

勉強机の照明として最適なのは？

長年の勉強の経験から、勉強机の照明はちらつきの少ない質のいい蛍光灯をおすすめします。

照明は通常、蛍光灯か白熱灯のどちらかを使っています。私が白熱灯が好きではない理由は、熱を大量に発するからです。後ほど書きますが、勉強には頭寒足熱の状態を保つのが大切です。しかし、白熱灯を頭の近くで利用すると、頭の周辺の温度が上がるのです。ですから、蛍光灯を使った照明をおすすめします。

蛍光灯も多少なりとも熱を発するのでしょうが、白熱灯は指で触れないくらい熱くなります。椅子と同様に、照明にもある程度の投資をしたほうが、長期的に見て勉強の効率が上がるでしょう。質の悪い照明を使って目が疲れると、次の日の勉強に支障が出ます。


「勉強机に投資はしなくてもいいのか？」とお考えになるかもしれませんが、机にお金をかけても効率アップにはそれほど貢献しません。

順番的には、椅子、照明、机の順番に投資すると費用対効果が一番高いと思います。ちなみに、私が愛用している机はオカムラの「プロユニットＵＤ」で、机の高さが調節できるタイプ。このように、高さを調節できる机を選ぶことをおすすめします。日本に再上陸したイケアにも高さが調節できる机がありました。

自分の座高などに合わない机に長時間向かうと、これも疲労の原因になります。

勉強法
54

寒さ対策のツールとは?

頭寒足熱とはよく言ったもので、冬に勉強をしているときに下半身、特に足先が冷えていると集中して勉強できません。足先が冷たいときはお湯につけて温めます。足先を冷やさないようにウール製の靴下、最近はユニクロのヒートテック素材を使った靴下を愛用しています。同素材は汗を吸収し、発熱するので足をある程度保温してくれます。冬は、その上にフリース製のスリッパをはいています。

冬ですと、部屋は暖かくても足元が冷える場合があります。そんなときに、「ひざ暖板」というグッズがとっても便利です。

遠赤外線でほんのり足元を温めてくれます。以前、小さな電気ストーブを足元に置いていたのですが、これだと足元が熱くなりすぎました。

一方、頭は冷やしたほうがいいので、私は書斎には石油ファンヒーターは置きません。部屋が暖まり過ぎるのと空気が悪くなるのがその理由で、電気ヒーターを使っています。

勉強法55

快適に目覚めるツールとは？

前述のカーテンを開けて寝ることに関して、家族がいる方やカーテンを開けることに抵抗がある場合、便利なグッズがあります。それは「National 生体リズム 光・めざましスタンド」です。

アラームをセットしておくと、朝の太陽の光で辺りが徐々に明るくなるように、起床時間に合わせて徐々に照明が明るくなり（この照明を顔に当てる）、比較的スムーズに起床できます。

もう1つのグッズは、バイブレーション腕時計。これはアラーム音ではなく、携帯電話のバイブレーション機能のように振動で時刻を知らせてくれます。

これならご家族を起こすことなく、自分1人だけ起きることができます。カシオなど数社から発売されています。「腕時計　バイブレーション」で検索してみてください。

まとめ

■勉強時間と休憩時間のメリハリにタイマーを利用して、集中力を維持する。
■外での勉強には、耳栓とA4クリップボードが武器になる。
■机より椅子に金をかけよ。ハーマンミラーの「アーロンチェア（フル装備）」がおすすめ。
■椅子→照明→机の順番で投資をするのが、費用対効果が一番高い。

エピローグ

特定の知識・スキルがないのが原因で、あなたが仕事などで大きな壁にぶち当たることがあるでしょう。そんなとき、あなたには2つの選択肢があります。1つは、奮起して勉強をして大きな壁を乗り越える。もう1つは、そこから逃げて一生肩身の狭い思いをする。どちらを選ぶのも、あなた次第です。

「1日30分」の勉強を続けると、年間300日で150時間、5年で750時間、10年で1500時間の勉強量になります。1日の実質活動時間17時間で割るとそれぞれ、丸9日、44日、88日も勉強したことになります。

でも、元をたどれば1日たった30分の勉強です。「継続は力なり」とはよく言ったものです。10年間で1500時間を勉強に費やした人間と、同じ1500時間をテレビに費やしていた人間とでは、結果が大きく違って当然なのです。

「1日30分でも長い」と思うかもしれません。もし、あなたに「毎日30分何か文章を書いてください」と私が提案すれば、「絶対にそんなこと無理」と反論するに違いありません。
でも、あなたは仕事で毎日30分程度は電子メール（文章）を書いているはずです。つい15年ほど前までは、メール（文章）を書く習慣はほとんどありませんでしたよね？　慣れというのは面白いものです。

勉強の習慣もまったく同じです。少ししんどいのは習慣を身につけるまでの最初の短い期間だけです。いったん習慣が身についてしまえば、その後はさほど努力は必要ありません。

高速道路の進入時から時速100キロまで加速するためには、アクセルを踏み込まなければなりません。しかし、いったん100キロに達すれば、その速度を維持するために、さほどアクセルを踏み込む必要がないのと同じです。

赤ちゃんのときにハイハイしていたあなたが、無意識のうちに練習を積んできちんと歩けるようになりましたよね。練習をして自転車にも乗れるようになりましたよね。
勉強の習慣もまったく同じです。いままで勉強が苦手だったのなら、できるまで成功・不成功を繰り返して、同じように練習すればいいだけなのです。そうすれば、勉強の習慣が必ず身につきます。そして、勉強の習慣を継続して数年後、あなたは今日のあなたとは比べものにならないほどレベルアップしています。私がお約束します。

最後に感謝を。まず、この本が出版される前に原典を購入してくださったお客様。この本の出版オファーをいただいたことを連絡したら、多くの方々が快く賛成してくださいました。次に、いつも応援してくださる能力開発・英語学校の合計４５００名を超えるお客様。今回の本のタイトルは、このお客様にアンケートをして最終的に決定しました。そして、この本を購入してくださった読者の方々。

最後まで読んでいただき、本当にありがとうございました。

文庫版あとがき

単行本の『「1日30分」を続けなさい！』は、2007年のベストセラー・ビジネス書第1位にしていただいた本ですが、発行部数にして50万部です。売れた本の部数としては「多い」と言えば多いはずですが、一方で100万部以上売れる本が少なからず存在するということは、まだ読んでいただいていない方も世のなかにたくさんいるということです。

この文庫版を機会に、普段ビジネス書を手に取らないような層の方々にも読んでいただければ非常にうれしく思います。

本が出版されると、おかげさまで必ずと言っていいほど増刷がされていきます。しかし、2万部、5万部と増刷されても、「多くの読者の役に立っている」、または「読者に喜んでもらっている」という実感は、正直薄いです。私が「本を書いてよかった」と実感できる瞬間は、読者から直接ご感想をいただくときです。実際に、次のようなご感想を小学校6年生の女の子からもいただいています。

「私は小学校6年生です。兄が『「1日30分」を続けなさい！』をもっていて、興味があったので読ませてもらいました。集中力が無いと思っていた自分は思いっきり自己嫌悪にはまっていました。この本を読んでから私の勉強法は凄く変わりました。30分勉強して次の30分は読書というのを2セットすればすでに勉強時間は、1時間というのにやっとときずきました。これからも『継続』していきたいです。ありがとうございました」

このような感想をいただくと、「また本を書こう」というエネルギーが湧いてきます。読者感想の投稿URLをここに明記しておきます。ぜひ、ご感想をお寄せください。

http://www.successtool.jp/kanso

すでに直接いただいたご感想は、次のURLでご覧いただけます。

http://www.successtool.jp/feedback/book-study

同じように、読者限定の〝裏〟勉強法をご提供しています。モチベーションの維持方法などが書いてありますので、ぜひご利用ください。

http://www.successtool.jp/tokuten

文庫版については編集者の三輪謙郎さんをはじめ多くの方々にお世話になりました。この場を借りて感謝いたします。

最後に、あなたがこの本に書いてあったことをひとつでも実践して、少しでも勉強のお役に立てれば幸いです。

いつか、どこかでお会いできることを楽しみにしています。

古市　幸雄

2010年1月吉日

参考文献

皆さんと同様に、私もたくさんの著者の方々からインスピレーションを受け、勉強させてもらっています。原典では参考にさせていただいた箇所はその著書から直接引用しました。しかし、本書のなかでは、ほとんど私が数々の参考著書やセミナーなどから咀嚼《そしゃく》した情報を私のフィルターにかけた形でご紹介しています。参考文献として挙げたのは特に影響を受けた書籍です。ぜひ、お読みになってください。

『「成功曲線」を描こう。夢をかなえる仕事のヒント』 石原明 著　大和書房

『記憶力を強くする――最新脳科学が語る記憶のしくみと鍛え方』 池谷裕二 著　講談社ブルーバックス

『小さな会社・儲けのルール――ランチェスター経営7つの成功戦略』 竹田陽一＋栢野克己 著　フォレスト出版

『病気にならない生き方――ミラクル・エンザイムが寿命を決める』 新谷弘実 著　サンマーク出版

『成功はゴミ箱の中に レイ・クロック自伝――世界一、億万長者を生んだ男 マクドナルド創業者』 レイ・A・クロック＋ロバート・アンダーソン 著、野崎稚恵 訳　プレジデント社

『思考は現実化する』 ナポレオン・ヒル 著、田中孝顕 訳　きこ書房

『フィット・フォー・ライフ――健康長寿には「不滅の原則」があった！』 ハーヴィー・ダイアモンド＋マリリン・ダイアモンド 著、松田麻美子 訳・補遺　グスコー出版

本作品は、二〇〇七年六月、マガジンハウスより刊行された作品を
加筆・修正しました。

古市幸雄（ふるいち・ゆきお）

一九六八年、東京都生まれ。明治学院大学文学部英文学科卒業。
読売新聞社編集局写真部退社後、ニューヨーク州立大学で経営学修士（MBA）を取得。帰国後、翻訳会社、英会話学校などを立ち上げ、能力開発関連のセミナーや教材の提供など幅広く活躍中。
著書には『英会話学校に行かない人ほど、うまくなる』（ダイヤモンド社）、『僕たち、どうして勉強するの？』（マガジンハウス）、『「朝30分」を続けなさい！』『英語でチャンスをつかみなさい！』（アスコム）、『あなたの英語がダメな理由』（祥伝社）、『無理なく勉強を続けられる人の時間術59』（大和書房）などがある。
「1日30分」自己投資 古市の能力開発
http://www.successtool.jp
英語発音.com
http://www.eigo820.com
Twitter
@furuichi130

だいわ文庫

「1日《にち》30分《ぷん》」を続《つづ》けなさい！
人生勝利《じんせいしょうり》の勉強法《べんきょうほう》55

著者 古市幸雄《ふるいちゆきお》

二〇一〇年二月一五日第一刷発行
二〇一六年一〇月二〇日第七刷発行

発行者 佐藤 靖
発行所 大和《だいわ》書房
東京都文京区関口一-三三-四 〒一一二-〇〇一四
電話 〇三-三二〇三-四五一一
振替 〇〇一六〇-九-六四二二七

装幀者 鈴木成一デザイン室
本文デザイン 小口翔平(FUKUDA DESIGN)
本文印刷 シナノ
カバー印刷 山一印刷
製本 小泉製本

ISBN978-4-479-30273-5
乱丁本・落丁本はお取り替えいたします。
http://www.daiwashobo.co.jp

だいわ文庫の好評既刊